Luise Ullrich

Sehnsucht, wohin führst du mich?

Luise Ullrich

Sehnsucht, wohin führst du mich?

Südamerikanisches Tagebuch 1938
Mit Textbildern der Autorin

Langen Müller

Schutzumschlaggestaltung: Christel Aumann, München, unter
Verwendung eines Fotos von ZEFA, Düsseldorf
Gesamtherstellung: Mohndruck, Graphische Betriebe GmbH,
Gütersloh
Printed in Germany 1984
ISBN: 3-7844-2027-3

Inhalt

Als ich wegfuhr

Wie ein Gast gehe ich in meiner Wohnung auf und ab und bewundere die vielen Dinge, die mir gehören. Alles ist an seinem alten Platz – bloß ich nicht.

Manchmal besuche ich meine Koffer, oben auf dem Dachboden. Sie sind mit vielen bunten Zetteln beklebt und erwarten, wie aufgezäumte Pferde, neuen Aufbruch.

Es dauert eine Weile, ehe man wieder ganz zu Hause ist und nicht nur als leere Hülle umhergeht. Ich bin so lange umhergereist, daß ich die Wichtigkeit der Reise überschätze. Ich habe vergessen, daß für die anderen das Leben weiterging wie immer, und daß ihnen völlig gleichgültig ist, was ich erlebt habe, wie schön oder wie häßlich es manchmal war. Ich spüre es an den Fragen der Menschen, daß sie, bedrängt vom eigenen Alltag, das Fremde von sich fernhalten wollen, das mich heute noch mit Macht erfüllt.

Beginne ich dann doch zu erzählen, daß der Kontinent riesenhaft, daß Brasilien allein so groß ist wie ganz Europa, und daß man Zeit braucht, um nur einen kleinen Überblick zu bekommen; erzähle ich von den herrlichen Blumen und Schlangen und den großen Schmetterlingen, dann merke ich, daß sie eine andere Welt gefangenhält, eine Welt, zu der ich nun wieder den Weg zurückfinden muß.

Wo aber soll ich hin mit den vielen bunten Bildern, die noch vor meinem innerem Auge stehen? Mit den traurigen Flötenklängen der einsamen peruanischen Hirten, die mir noch im Ohr klingen?

Ich bin so übervoll davon.

Ein ganzes Jahr lang bin ich allein gereist. Es war oft zu schön für einen einzelnen Menschen. Unglück kann man gut allein tragen. Da ist es sogar besser, man verkriecht sich. Aber mit dem Glück ist es schwer.

Bilder der Erinnerung erfüllen mich. Erinnerung aber ist Sünde, sagen die Indianer.

Da man sich dauernd verändert, zwingt man seinen Geist gewaltsam in eine Form, aus der man schon herausgewachsen ist, und nimmt so an seiner Seele Schaden, meinen sie.

Einmal muß ich aber alles erzählen, um leer und frei und aufnahmebereit für Neues zu werden.

Als ich wegfuhr, war es Frühling. Jetzt, über ein Jahr später, ist Winter.

In mir und um mich herum ein großer Unterschied. Und doch nicht.

Der Frühling ging dem Verblühen, dem Vergehen entgegen, und der Winter trägt schon den Keim neuen Lebens in sich.

Als ich wegfuhr war Friede, jetzt ist Krieg. Und doch hatte der Friede den Keim des Krieges in sich, und der Krieg geht dem Frieden entgegen.

Auch der Anfang meiner Reise hatte schon das Ende in sich und das Ende den Anfang für neues Leben und neue Arbeit.

Alltag und Abwechslung – sind sie nicht einfach verschiedene Formen eines und desselben – des Lebens selbst?

Schließen und öffnen die Blumen sich nicht jeden Tag um die gleiche Stunde? Blüht und verblüht nicht alles immer wieder?

Hier in der Natur erscheint es uns wie ein Wunder, und wir nennen es Rhythmus.

In unserem eigenen Leben aber beunruhigt es uns, und wir nennen es verdrießlich Alltag.
Wir warten immer auf das Große, das da plötzlich in unser Leben treten, es verändern soll, auf etwas Wunderbares, das von außen irgendwoher kommen soll. Aber von außen kommt nichts. Nichts.
Und auch an das Reisen gewöhnt man sich. Schließlich wird auch das Kofferpacken, das Umsteigen in Schiff oder Flugzeug zum Einerlei, das Reisen im Auto oder auf dem Rücken des Pferdes zum Alltag. Ich habe viele Frauen mit bitterbösem Gesicht durch die Welt reisen sehen, aus dem gleichen Grund, weshalb andere mit bitterbösem Gesicht am Herd stehen, nämlich: weil nichts Besonderes geschieht.
Das Besondere liegt aber in uns, ob wir am Herd stehen oder über die Anden reiten.
Die ganze Welt ist wunderschön, und doch: wohin ich kam, fand ich in der Fremde ruhelose Sehnsucht nach der Heimat und in der Heimat unruhigen Drang nach der Ferne an allen Orten.
Soviel auch Deutsche im Ausland leisten, innerlich bleiben sie ewig unerfüllt.
Sie wissen nicht, wohin sie gehören.
Als sie ganz jung waren, fuhren sie fort voll Wanderlust und voll Romantik. Aber die war bald verbraucht, und was blieb, war eine kleine Stellung als untergeordneter Beamter oder Ingenieur oder Holzfäller in irgendeinem unpersönlichen fremden Betrieb.
In der Erinnerung verschönten sie die Heimat zu einem Paradies.
Sie mochten den Sternenhimmel in der Fremde nicht, denn daheim waren die Sterne viel größer, viel leuchtender, viel schöner.

Sie fanden den Rhein viel breiter als den Amazonas und die Alpen viel höher als die Anden.

Endlich dann fuhren sie heim und wurden sehr traurig, denn sie sahen, daß auch diese Sterne keine Sonnen sind und der Rhein kein Meer.

So fuhren sie wieder zurück und hatten nun nichts mehr, wonach sie sich sehnen konnten.

Ihr Herz aber blieb unruhig wie zuvor.

Die europäischen Frauen leiden unter dem fremden Klima. In Rio ist es ihnen zu heiß, in Buenos Aires zu dunstig, in Santiago der Wechsel zwischen heiß und kalt zu groß. La Paz liegt zu hoch, in Arequipa ist es zu trocken und in Lima zu feucht.

Das sind aber keine Launen, sondern das ist wirklich so.

Südamerika ist extrem, und die Natur kennt nur Superlative. Darum werden die Frauen nervös und anfällig.

Sie sind verpflanzt, und der Boden bekommt ihnen nicht.

Anders bei den Blumen. Unser Heideröschen, nach Brasilien versetzt, wurde eine knallrote, saftige, echt brasilianische Tropenpflanze und hat mit unserem zarten, schüchternen Heideröslein nichts mehr gemein.

Vielleicht werden später auch diese Menschen einmal richtig Wurzel fassen; dann müssen und werden sie sich freilich ebenso verändern wie das Heideröslein.

Wir europäischen Frauen wissen gar nicht, was in dortigen Landen eine Schwangerschaft in drei-, viertausend Metern Höhe über dem Meeresspiegel bedeutet, oder in der Hitze der Tage, die jäh mit der Kälte der Nächte wechselt oder, bisweilen kaum erträglich, Tag und Nacht über der Niederung brütet. Und dabei ohne Hilfe. Nur mit einer fragwürdigen, schmutzstarrenden Indianerfrau. Da gehört schon ein Mut dazu für eine Frau, die um Hygiene und die Gefahren einer Blutvergiftung weiß.

Im Innern Perus war ich einmal dabei. Es war so furchtbar, daß ich es nie vergessen kann. Das einzig Erheiternde daran war, daß die alte Indianerin mit dem Patron vorher den Preis ausmachte. Sie verlangte für die Entbindung eines Knaben einen Peso, und wenn es ein Mädchen werden sollte, nur fünfzig Centavos.

Obwohl die Arbeit für sie die gleiche blieb, schätzte sie uns Frauen eben nur halb so wertvoll ein.

Ob sie damit recht hatte?

Drüben reitet der Indio auf seinem Mulo, und die Frau geht hinten nach, ein Kind unter ihrem Herzen, eines im Rückentuch. Und doch strahlt sie vor Glück, daß sie hinter ihrem Herrn einhergehen darf.

Ob wir Europäerinnen uns vielleicht nur einbilden, daß wir so wichtig sind und uns vom Manne verwöhnen lassen müssen?

Aber solche Gedanken kamen mir erst später. Damals, als ich wegfuhr, dachte ich nicht daran. Da war ich vielmehr glücklich und stolz, in einer Welt zu leben, die mir ebenso wie einem Manne die Möglichkeit gibt, allein zu reisen.

Unendliches Meer

Die Erde, die Sonne, die Sterne, alles bewegt sich. Das Blut in den Adern, das Herz, jedes kleine Atom bewegt sich, und ich darf mich diesem Rhythmus anschließen. Ich reise! Wie schön ist das!

Das Schiff stampft durch den Ozean und zerteilt die Stille, die sich hinter uns wieder schließt.

Ich möchte auf einer Wolke sitzen und diese Stille beobachten, wenn sie nicht zerteilt ist.

Sie muß dann anders sein.

Sicher werden sich dann die Nebelfetzen verdichten, Gestalten annehmen, der Wind wird sie hin und her jagen, bis sie tanzen.

Die Fische werden sich höher und höher aus dem Wasser schnellen, manche von ihnen langes, goldenes Haar haben und einen weißen Schuppenkörper. Sie werden ihre Arme in den schwarzen Nachthimmel strecken voll Sehnsucht und aussehen wie weiße Schwäne.

Aber plötzlich wird der Mond kommen, golden wie ihr Haar, und sie werden wieder versinken müssen. So erzählen es alle Seeleute, und ich glaube es.

Ich sitze am Bug des Schiffes und stelle mir das alles vor, ganz lebendig.

So lebendig, daß ich es nahezu greifen könnte. Aber dann habe ich Angst, und ich suche die Wirklichkeit.

Das Schiff hinterläßt eine weiße Straße. Die leuchtet in der Nacht.

Dort hinten, weit weg, viele Tausende Kilometer, liegt Europa, liegt alles, was ich kenne, was ich lieb habe.

Vor mir ist die Dunkelheit, das Unbekannte; da habe ich nichts lieb.

Oder doch?
Eben das Unbekannte habe ich lieb.
Ich glaube, jeder Mensch hat ein ihm entsprechendes Maß an Gefühl mitbekommen, und damit sollte er sehr sparsam umgehen. Es könnte ihm ja später etwas begegnen, wo es sich lohnen würde, verschwenderisch im Gefühl zu sein. Und dann könnte es sein, daß er nicht mehr genug davon hat.
Es fällt mir ein, daß auch ich zu viele Dinge lieb hatte. Mein Haus, meinen kleinen Pudel und den Vogel und all die Blumen.
An allem habe ich gehangen; aber die Dinge hingen auch an mir und haben mich ebenso besessen wie ich sie.
Jetzt fühle ich mich frei und leicht; jetzt habe ich gar nichts. Nur eine Zahnbürste und einen Pyjama.
Aber das belastet mich noch nicht. Wie schön ist das!
Ich brauche keine Koffer auszupacken, einfach deshalb, weil ich keine habe.
Ich brauche nicht in den heißen Speisesaal zum Essen gehen und mir jeden Abend ein anderes Abendkleid anziehen, weil ich überhaupt keines habe. Auch die Stewards freuen sich mit mir. Denn, da ich nichts habe, ist es immer ordentlich in meiner Kabine.

Wie es gekommen ist, daß alle meine Koffer in Europa geblieben sind, weiß ich nicht; aber wozu es so kam, das weiß ich jetzt.
Ich sollte einmal sehen, wie wenig man zum Leben braucht und wie glücklich man dabei sein kann.
Zuerst war ich freilich sehr erschrocken. Aber dann fing der Dampfer zu heulen an, die Gäste mußten von Bord, die Kapelle spielte, einige küßten sich, andere weinten, wieder andere taten beides.

Als das Riesenschiff sich von Europa loslöste, beobachtete ich mich selbst. Eigenartig: ich bemerkte, daß der vermeintlich große Augenblick »Abschied von Europa« auf mich gar nicht wirkte.
Immer ist es so im Leben.
Große Augenblicke, auf die man wartet, enttäuschen meist, weil man von ihnen zuviel erwartet.
Wie enttäuscht war ich vom ersten Kuß! Oder als ich zum ersten Male das Meer sah!
Immer hieß es: das »unendliche Meer«, aber ich sah so viele Enden.
Und jetzt finde ich dieses Meer so schön, »unendlich« schön.
Es ist schwer, allein zu reisen, wenn man allein reist. Die meisten Menschen denken, man reist allein, um nicht allein zu reisen. Und dann kommen sie, lieb und freundlich, um die Zeit zu vertreiben, wie sie es nennen.
Und sie vertreiben sie wirklich, die schöne Zeit. So sehr, daß man das Gefühl hat, man hätte sie verloren.
Es macht mir auch keinen Spaß mehr, immer in der Kabine zu essen, weil ich doch nichts anzuziehen habe, und so habe ich den Kapitän gebeten, mir eine Matrosenuniform zu geben und mich als Matrose etwas mitarbeiten zu lassen.
Um sechs Uhr früh ist das Schiff schön.
Da ist noch kein Passagier aufgestanden, es gehört uns Matrosen ganz allein.
Es wird so viel gewaschen auf einem Schiff. Dinge, die ich für ganz sauber halte, werden frisch gestrichen, geputzt und gesäubert. Wenn es nach mir ginge, hätte es noch ein halbes Jahr Zeit, aber jetzt geht es nicht mehr nach mir.
Ich wasche mit einem älteren Kollegen das Sonnendeck.

Er sieht mich gar nicht an. Sicher findet er mich sehr albern.
Ich geniere mich ein bißchen vor ihm.
Damit er nicht denken soll, daß es nur Spaß ist, wasche ich ganz besonders eifrig. Ich bin ganz in Schweiß gebadet.
Mein Kollege schwitzt nicht.
Er arbeitet mit der Ruhe. Auch hat er nur ein dünnes Hemd an. Ich habe eine dicke Jacke an, damit es nicht so auffällt.
»Ich habe noch ein anderes Hemd da, wollen Sie es haben? Es ist aus Seide«, sagt er plötzlich zu mir. Ich bin sehr froh, daß er mit mir spricht und nicke.
Stolz bringt er mir das Hemd. Aber leider hat es vorn zwei große Löcher.
»Es ist schön«, sage ich, »aber was soll ich denn da vorn hintun?«
Jetzt geniert er sich ein bißchen vor mir.
»Fahren Sie gern mit so einem Kahn?« fragt er, nachdem das vergessen war.
»Ja, sehr«, erwidere ich; ich möchte mich so gern mit ihm anfreunden.
»Das sieht Ihnen ähnlich«, brummt er. »Ich nämlich nicht! Ich fahre lieber mit einem Frachtdampfer, erstens ist das Essen besser, und dann gibt's keine Weiber an Bord.«
»Warum mögen Sie denn Weiber nicht?«
Er lacht.
»Nee, Weiber an Bord bringen Unglück.« Und er spuckt an mir vorbei ins Meer.
Es wird schwer sein, sich mit ihm anzufreunden.
Leichter ist es mit einem von den Steuerleuten. Er führt ein Doppelleben, ohne daß er es weiß. Oben auf der

Brücke hat er eine weiße Uniform an und ist ein ernster, verantwortungsbewußter Mann. Unten im Mannschaftsraum ist er noch ein halbes Kind, trägt Filzpantoffeln, die ihm seine Mutti mit Blumen bestickt hat, und ißt Schokolade.
Er hat immer Heimweh.
Alle lachen ihn deshalb aus. Ich nicht. Wir haben uns angefreundet.
Wenn wir Freizeit haben, spielen wir ein Geduldsspiel. Mit seinen groben Händen hält er das Spiel ebenso ernst und konzentriert, um die Kügelchen in ein Goal zu treiben, wie er oben das Steuer hält, um fünfhundert Menschen über das große Wasser zu bringen.
Jetzt habe ich mich auch mit dem Weiberhasser angefreundet.
Ich habe zum Abendbrot zwei Rosen gekauft und sie in die Löcher seines Seidenhemdes gesteckt.
Er sagt zwar, er mache sich nichts aus dem »Kram«, aber er hat doch übers ganze Gesicht gegrinst.

Für das Mißlingen einer Überfahrt ist nur der Kapitän verantwortlich. Aber zum Gelingen müssen alle beitragen. Und wie!
Es ist kein leichter Beruf! Darüber sprechen wir auch viel. Und wir fühlen uns ganz wohl dabei.
Seeleute oder überhaupt Leute sind meistens nur zufrieden, wenn sie unzufrieden sind.
»Das letzte Schiff, so 'ne Sache!«, sagt jeder.
Immer war das »letzte Schiff« die »Sache«, das Paradies auf Erden. Da war das Essen fabelhaft, die Heuer großartig, der Kapitän kam täglich, gab jedem die Hand, trank ein Glas Bier, fragte nach der Frau zu Hause.

So wird immer das »letzte Schiff« verherrlicht, bis sie auf ein anderes kommen. Dann ist das jetzige das »letzte«.
Die meisten sind verheiratet. Sie müssen etwas haben, wohin sie ihre Gedanken schicken können von ihren langen Reisen, und sie freuen sich auf ihr Zuhause.
Sie streichen die Tage vom Kalender ab, wie Kinder es tun vor dem Heiligen Abend.
Aber sind sie erst wieder da, dann streichen sie die Tage ab, bis es wieder losgeht.
Sie können doch nicht mehr leben, ohne das Rauschen des Wassers zu hören. Ich würde eifersüchtig auf das Meer sein. Dem Meer gehört ihr halbes Herz.
Seeleute haben auch eine andere Kalendereinteilung. Sie teilen das Jahr in soundso viele Überreisen ein.
»Wann war das?«
»Vor drei Überreisen.«
Dann wissen alle genau, wann das war.
Ich jetzt auch.
Wenn mich jemand einmal fragen sollte:
»Wann sind Sie geboren?«
»Vor hundertsechsundfünfzig Überreisen!«
Nie hätte ich gedacht, daß es so schwer ist, Südamerika zu finden.
Aber schon bei der Einfahrt nach Rio empfinde ich es. Die Sonne und die Küste von Südamerika tauchen auf. Eine andere Küste, eine andere Sonne leuchtet mir entgegen.
Hier auf dem Schiff bin ich noch auf europäischem, mir bekanntem Boden. Aber was wird das fremde Land vor mir bringen?
Und ich bekomme Herzklopfen. So, wie vielleicht damals Amerigo Vespucci Herzklopfen bekam, als er

diese Küste vor dem Bug seines Schiffes auftauchen sah. Ich bin ganz befangen.

Aber da stürmen die Passagiere schon das Deck. Und sie schreien durcheinander und beginnen alles zu erklären.

»Sehen Sie, dort ist der Zuckerhut! Da müssen Sie nachts hinauffahren mit der kleinen Seilbahn. Und können Sie den Christus da oben sehen? Der breitet so segnend die Arme aus, nicht wahr? Da haben ihm doch einmal Jungens ein langes Nachthemd angezogen und ihm in die linke Hand ein rotes Backbordlicht gegeben und in die rechte ein grünes Steuerbordlicht. Pietätlos, finden Sie nicht?«

Ach, ich finde gar nichts.

Ich finde nur, daß ich zu spät gekommen bin, und wünschte, Amerigo hätte mich damals mitgenommen. Aber dann würde ich ja jetzt nicht mehr leben. Das wäre also auch nicht schön für mich, denn ich lebe so gern.

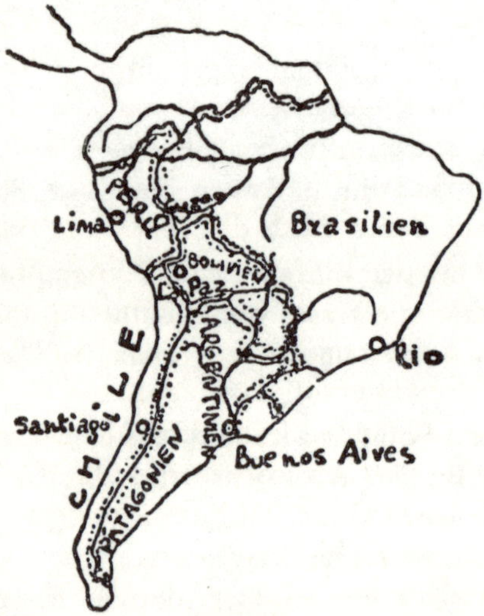

Rio

Der Atlantische Ozean braust mit übermannsgroßen Wellen heran. Gefährlich anzusehen.

Aber die Wellen überschlagen sich, und beschämt kräuseln und kriechen sie ans Ufer, als wollten sie sich loslösen.

Aber mit einem gewaltigen Sog, der den Boden unter den Füßen wegzieht, werden sie wieder zurückgeholt und von neuem ans Ufer geschleudert.

Langbeinige und langarmige Negergestalten gehen wiegend den weißen Strand entlang.

Weich und geschmeidig ist ihr Gang. Kein Muskel ist angestrengt gespannt. Es ist eine einheitliche, abgerundete Bewegung.

Ja, so muß man hier gehen! Ganz der Sonne und dem weichen Rhythmus des Meeres angepaßt.

Ich liege auf dem strahlend weißen Strand von Copacabana.

Der Sand ist so glühend heiß, daß man die obere Schicht wegschieben muß, um sich nicht zu verbrennen.

Ich lasse die silbern glitzernden Körnchen durch meine Finger rieseln. Dann durch die Zehen und dann wieder durch die Finger.

Überall sitzen sie schon, die Sandkörnchen: in den Haaren, Ohren, Augen, und beim Kauen knirschen sie mit. Ich möchte eine Handvoll davon aufessen.

Ich möchte eine Handvoll von dem salzigen Meerwasser trinken. Ich möchte auch so wiegend gehen wie die Einheimischen. Ich möchte mich hineintauchen in diese fremde Welt, so daß ich ein Teil von ihr würde und kein Außenstehender mehr wäre.

Ich möchte die Kluft, die den Fremden von all den wesentlichen Dingen trennt, überspringen. Ich möchte den Kern dieses Landes kennenlernen, seine Seele, seine Persönlichkeit.

Ich denke, es ist so wie mit dem Menschen:

Kennt man seinen Kern, dann sieht man alles, was er tut, mit anderen Augen an.

Wie er geht, wie er spricht und was immer er spricht, ist von seiner Persönlichkeit erfüllt und nur für diesen einen Menschen wesentlich. Kennt man aber diesen Kern nicht, dann ist einer ziemlich wie der andere.

Der eine ein bißchen mehr blond, der andere ein bißchen mehr schwarz.

Ich bin auf der Fazenda des reichsten Mannes von Brasilien eingeladen.

Von Rio fahren wir auf schöner Autostraße durch Kaffee- und Bananenplantagen, durch Reis- und Getreidefelder.

An beiden Seiten der Straße sehe ich Feuer brennen. Da werden der Kaffee, der Reis und das Getreide wieder verbrannt. Es ist zuviel davon da, und wenn alles auf den Markt käme, würden die Preise sinken.

Diese Feuer tun mir weh, fast körperlich. Es ist so sinnlos, das zu verbrennen, was für andere Länder lebensnotwendig wäre. Ich bin so wütend darüber, daß ich meine Augen verdecken muß, um es nicht zu sehen. Daß man so machtlos ist, ist so schrecklich. Wird denn nicht auch hier eines Tages die Vernunft sinnloser Verschwendung Einhalt gebieten?

Auf der Fazenda werde ich mit echt brasilianischer Gastfreundschaft empfangen.

Der Hausherr führt mich herum und zeigt mir sein

Reich. Ein kleines Königreich. Nur kennt ein König sein Land besser.
Der Besitz ist so groß, daß der kleine König beim Kauf die Grenzen einmal abgeflogen ist, und damit Schluß!
Alles ist da, was das Herz begehrt: Tennisplätze, ein Golfplatz, Pferde, sogar einen eigenen Zoo hat der kleine König mit Tigern, Jaguaren, Affen und allem, was zu einem Westentaschenkönig gehört.
Über schroffe Felsen stürzt ein Fluß in einen kleinen See. In dem See spiegeln sich Palmen und Orchideen, und der Wasserstaub verbreitet eine angenehme Kühle.
Inmitten des Sees steht ein Steintisch. Da spielen wir Karten, der kleine König und ich.
Diener schwimmen umher und servieren Whisky mit Soda.
Es ist wunderschön und – wie gesagt – alles da.
Bloß Südamerika nicht.
Reichtum macht international.
Millionär sein ist ein Beruf und gleicht die Menschen an. Obwohl das Geld in jedem Lande anders gestempelt wird, stempelt das Geld selbst die Menschen der ganzen Welt gleich. Reiche Menschen sind einander ähnlicher als arme. Ein Millionär aus Südamerika hat ähnliche Gedanken und Ideen wie ein Millionär aus Skandinavien, was für einen Beruf er auch hat. Ein Gaucho aus Argentinien hat mit einem Fischer aus Norwegen nichts gemein.

Von Leonidas zum bunten Vogel

In der Zeitung lese ich als Titel eines Theaterstückes: »Leonidas«. Da gehe ich hin. Wie Brasilianer Griechen darstellen, möchte ich gern sehen.
Als der Vorhang aufgeht, bin ich zunächst erstaunt: Leonidas wird von einem Farbigen gespielt.
Komisch! Ob die nun wirklich denken, daß er so war? Aber er hat auch keinen griechischen Panzer an, sondern ein gestreiftes Leibchen.
Wohl steht er vor einem Engpaß, aber der sieht nicht aus wie die Thermopylen, eher wie ein Goalhäuschen.
Ob das eine moderne Idee sein soll, etwa so wie Hamlet im Frack, Leonidas als Tormann?
Ein Mädchen tritt auf mit einem ganz kurzen Röckchen und singt mit Leonidas ein Schlagerlied.
Es kann keinen historischen Inhalt haben, denn die Leute wiehern vor Lachen, und so lustig war doch die Geschichte einstens nicht.
In der Pause erfahre ich, daß dieser Leonidas mit dem meinen gar nichts zu tun hat. Dieser hier ist der Fußballgott von Brasilien und heißt bloß so. Er hat auch bei der Olympiade in Berlin mitgekämpft, und obwohl er mit seiner Mannschaft unterlegen ist, haben sie bei seiner Rückkehr in ganz Brasilien alle Läden geschlossen und diesen Tag zum Feiertag des Volkes erklärt.
Nicht Niederlage oder Sieg war für sie wichtig, sondern allein, daß er für ihr Land gekämpft hatte.
Und Feiern ist auf alle Fälle immer etwas Schönes.
Brasilianer sind sehr sportbegeistert und waghalsig. Sie spielen Polo wie die Wilden, sie fahren Auto wie die Verrückten, und sie fliegen wie die Irren.

Bei einem Schaufliegen stand sogar der Präsident der Republik auf und ging weg, weil einer seiner Flieger knapp über den Köpfen der Zuschauer Figuren flog.
Sie haben nicht den Mut des Klugen, der aus der Erkenntnis seiner eigenen Unwichtigkeit die Gefahr verachtet, sondern den Mut des Kindes, das ins Feuer greift, weil es noch nicht die Erfahrung des Verbrennens gemacht hat.
Aber Kinder haben einen Schutzengel. Und die Brasilianer haben auch einen. Es ist selten, daß sich ein Unfall ereignet.

Ich kann nicht lange in Rio bleiben. Der ganze Kontinent liegt ja noch vor mir.
Es treibt mich weiter. So fliege ich nach São Paulo.
Da sind Riesen-Wolkenkratzer, Häuser mit Marmorsockel und eine Schlangenfarm.
Die Schlangenfarm heißt »Butantan«.
Dreitausend Schlangen wälzen sich, in allen Farben schillernd, am Boden oder hängen lianenähnlich von den Bäumen. Das klappert und zischt und gleitet vor und richtet sich auf und züngelt.
Eine Welle von Feindseligkeiten aus dreitausend Schlangenkörpern empfängt den Besucher.
Aber doch gibt es nichts auf der Welt, das nur aus Bösem allein bestände. Und das ist tröstlich. Selbst aus dem Gift der Schlange kann man noch Gutes holen. Durch das Abzapfen des Giftes, mit dem man ein Pferd impft, gewinnt man ein Serum, das – rechtzeitig angewendet – die Tödlichkeit des Schlangenbisses aufhebt. Jeder Fazendeiro erhält für zwei lebend eingelieferte Schlangen ein Fläschchen Serum umsonst, für fünf Schlangen noch eine Spritze dazu.

São Paulo hat das modernste Zuchthaus.
Die Sträflinge bekommen Musikunterricht, haben ein eigenes Orchester, lernen Tischlerei, Schneiderei und andere Handwerke.
Eigentlich wäre es da eine gute Idee, wenn ein unbemittelter Vater seinen Jungen einfach ins Gefängnis schickte, um ihn etwas lernen zu lassen. Aufgenommen würde er schon werden. Einen Grund fände man, und als gebildeter junger Mann käme er wieder heraus. – Vielleicht.
Damen der Gesellschaft von São Paulo geben viele Wohltätigkeitstees. Das ist an sich nichts Besonderes, das tun sie überall.
Aber mit dem Geld haben sie etwas Besonderes gemacht. Sie haben eine Villenkolonie für Bettler gegründet. Da leben nun die Bettler umsonst, essen umsonst, aber sie langweilen sich zu Tode, weil sie nun nicht mehr betteln dürfen. Und das taten sie eigentlich ja nicht ungern.
Von Zeit zu Zeit kommen die Damen der Gesellschaft zu Besuch und sind dann ganz unglücklich darüber, daß sie für all die Tees so wenig Dank ernten, die armen Reichen von den reichen Armen.
In Campinas ist eine staatliche Versuchsfazenda. Ein Wiener Professor Daffert hat sie gegründet.
Auf der Fazenda werden Hirse, Baumwolle, Weizen, Roggen und hauptsächlich Kaffee gebaut. Alles wird ausprobiert, um festzustellen, wie man die besten Ergebnisse erzielt.
Den Kaffee pflanzen sie einmal hinter einen Windschutz, dann in den Schatten, mal in den Halbschatten, in die Morgensonne oder in die Abendsonne.
Um die Sorte des Kaffees zu verbessern, greift der Mensch ein, und es wird daraus eine kleine Liebesgeschichte.

Das Kaffeemädchen wird von dem Kaffeeknaben, den man für ungeeignet hält, getrennt. Dem Blütenmädchen werden die Augen verdeckt. Es soll nicht mit einem anderen flirten!
Erst wenn es ins heiratsfähige Alter kommt und wenn man den passenden Blütenknaben gefunden hat, werden die beiden bei aufgehender Sonne zusammengebracht. Es ist vielleicht keine Liebesheirat, aber sicherlich standesgemäß.
Und es kommt dabei etwas Gutes heraus. Das ist das Erstaunliche.

Der Zug führt mich ins Innere Brasiliens. Er schaukelt sehr.
Das Gleis ist schmalspurig, die Wagen, die darüber rollen, laden breit aus. Es sind deutsche Wagen. Eine kleine Lokomotive heult von Zeit zu Zeit auf wie ein ins Herz getroffener Stier.
Sie wird mit Holz geheizt und hinterläßt eine rote Funkenschleppe.
Der Duft der Orangenblüten weht in mein Abteil und macht mich glücklich-unglücklich.
Ich wünsche mir so viel, aber ich weiß nicht genau, was.
An roten und gelben Bäumen vorbei fährt das Züglein; diese Bäume haben zuerst ihre Blätter, und wenn diese abfallen, bekommen sie ihre grelleuchtenden Blüten. So sind sie zuerst alt und werden dann jung.
Das muß schön sein.
Unsere großen Adventssterne, das Stück zu fünf Mark, wachsen hier auf Sträuchern. Ein Strauch hat ungefähr zehn Sterne, mal fünf sind fünfzig, mal dreihunderttausend sind ... und als ich gerade im schönsten Rechnen bin, geniere ich mich. Deshalb und weil deutsche Mitfah-

rer das Lied »Wer hat dich, du schöner Wald« just angestimmt haben, gehe ich in die dritte Klasse, um zu sehen, was da los ist.
Da ist aber auch was los!
Über ein paar Menschen muß man hinübersteigen, weil sie am Boden liegen und schlafen. Mütter stillen ihre Babies. Soldaten singen und pfeifen. Einer zupft mit seinen großen Händen auf einer Gitarre und nickt mit seinem Kopf hin und her. Andere stehen auf den Bänken und stampfen im Rhythmus dazu.
Sie alle haben große Hüte auf, Stiefel an den Beinen und lange Messer im Gürtel.
Der Zug ruckelt und faucht, selbst ein glühender Teufel, durch den Urwald, und dies hier ist die Hölle.
Ich will mich unbemerkt zurückziehen, aber da springt ein baumlanger Neger auf und faßt mich am Arm. Seine andere Hand hat er rückwärts am Messergriff.
Mir zittern die Knie.
Hier umgebracht zu werden, wäre ja vielleicht ganz romantisch, aber nur für die Nachwelt. Selbst hätte ich nichts davon.
Mit festem Griff drückt mich der Schwarze auf seinen Sitz. Die Hand kommt auch wieder zum Vorschein, aber nicht mit dem Messer, sondern mit einer Schnapsflasche. Er wollte ja nur höflich sein.
Sein dunkles, fettig glänzendes Gesicht strahlt vor Freude, und seine Augen bitten so sehr, daß ich es nicht ablehnen kann, aus der Flasche zu trinken. Es schmeckt furchtbar. Es ist Pinga, ein Zuckerrohrschnaps, ein richtiges Höllengetränk.

In Porto Epitacio ist ein Markt. Die Menschen stehen dichtgedrängt. Unter ihren Hüten blicken wild die Au-

gen hervor, und ihre Zähne und die Messer in ihren Gürteln blitzen. Sie reden aufgeregt und laut.
Es ist drückend schwül und riecht nach Schweiß, Fischen, rohem Fleisch, Pferden und Negern.
Über mich lachen sie und rufen mich »Señor«, weil ich kurze Haare habe und Hosen trage.
Aber bald bin ich nicht mehr der Mittelpunkt ihres Interesses. Zwei bekommen einen Streit um einen bunten Vogel.
Der Verkäufer will ihn nicht um den Preis hergeben, den man ihm bietet, und er hält das kleine Tier hinter seinem Rücken versteckt.
Die beiden Neger stieren sich von unten hervor gefährlich an. Immer lauter, immer heiserer, immer wilder wird ihr Schreien.
Plötzlich reißt der Verkäufer sein Messer heraus und öffnet dabei die Finger.
Der Vogel fällt tot auf den Boden.
Alle lachen. »Caramba«, sagt der Verkäufer und stößt den Vogel achtlos mit dem Fuß unter den Tisch.
»Caramba«, sagt der Käufer und klopft dem anderen auf die Schulter. Sie scheiden als gute Freunde. In diesem Falle starb der Dritte.

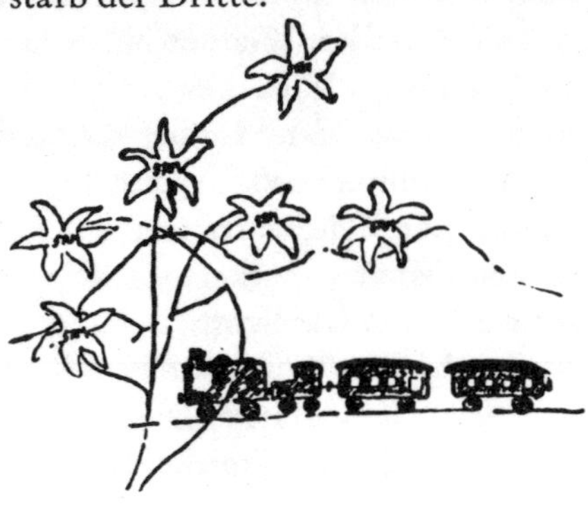

Auf dem Paraná

In einem Hafenstädtchen bin ich vom Zug in einen kleinen Dampfer des Paraná-Flusses umgestiegen. Mit dem Fluß fließt die Zeit dahin. Hand in Hand gleichsam. Das tut den Nerven wohl.

Nun fahre ich schon viele Tage die Straße, die der Strom durch den Urwald gebahnt hat.

Die weiche, feuchte Tropenluft nimmt alle Energie weg.

Ich sitze gern vorn am Bug des Dampfers. Hinter mir lenkt der bärtige und dunkelhäutige Kapitän das Schiff. Er läßt dabei sein Grammophon spielen.

Oft fährt das Dampferchen auf eine Sandbank auf, und wir bleiben stecken.

Das Wasser des Paraná fließt an uns vorbei. Wir sind plötzlich aufgefahren. Dann stellt der Kapitän sein Grammophon ab, geht seelenruhig aus seinem Kommandohäuschen heraus und stochert mit einer langen Stange im Wasser umher, um uns wieder loszumachen. Das sind die schönen »grammophonlosen« Augenblicke. Dann höre ich das Singen und Klingen des Urwaldes, die tausend merkwürdigen Geräusche dieser undurchdringlichen und dunklen Welt. Leider aber sind wir immer bald wieder los von der Sandbank, und dann wird schnell das Grammophon wieder angestellt.

Südländer lieben Lärm. Je lauter er ist, desto lieblicher klingt er in ihren Ohren.

Oft gleiten wir nahe am Ufer vorbei.

Dann laufen erschreckte Wasserschweinchen aufgeregt hin und her.

Krokodile sonnen sich, und von den Bäumen fliegt der

Schnee weg. Nicht wirklicher Schnee – Scharen von weißen Reihern, Kormoranen und Störchen sind es. Wasserschlangen schlängeln sich wie dunkle Blitze durch das Wasser, und abends wetterleuchtet es am Himmel. Es ist nichts hart, alles geht ineinander über. Selbstverständlich und fließend.

Alle Schattierungen von Grün sind im Urwald.

Vom zartesten Nilgrün bis zum dunklen Blaugrün.

Die Blumen, die ich sehe, sind rot. Sie leuchten grell hervor, sind aber doch weich verbunden mit dem komplementären Grün.

Ich fühle mich nicht mehr so fremd und außenstehend und atme die feuchte Treibhausluft tief in mich hinein.

Auch der lange Neger aus dem Zug ist auf den Dampfer umgestiegen. Er spielt abends vor meiner Kabine auf seiner Gitarre.

Ich freue mich sehr darüber, bin aber doch froh, daß meine Kabine einen Schlüssel zum Absperren hat.

Der Dampfer hält oft an kleinen Häfen, um neues Holz zu fassen.

Dann kommen die Indios von Paraguay an Bord.

Sie sprechen kein Spanisch, sondern ihre Indianersprache, das Guarani.

Sie sind scheu und sehen schlecht und verhungert aus. Selbst die Neger an Bord sprechen mit ihnen wie mit Untergebenen.

Die Neger, die noch vor kurzem hier Sklaven waren in dem Land, in dem die Vorfahren dieser Indios einmal unumschränkte Herren waren!

Man weiß nichts von einer alten Kultur der Guarani, aber ich glaube, sie müssen eine gehabt haben. Ihre Sprache ist so blumig und dichterisch.

Sie bringen zarte, spinnwebfeine Handarbeiten an Bord, so wie man sie in der ganzen Welt kein zweites Mal mehr sieht.
Ich frage, wie es möglich sei, mit diesen groben, schmutzigen Händen solche Arbeit zu machen.
»Sie haben es vom Teufel«, erklärt mir einer und blickt sich dabei scheu um.
Ja, einmal, als eine junge Indianerin vor der Tür ihres Hauses saß, kam der Teufel und trat zu ihr. Er war so häßlich, oh, so furchtbar häßlich! Aber er wollte einen Kuß von dem Mädchen haben. Natürlich wollte sie ihm keinen geben. Da bat er solange und sagte zum Schluß, er werde sie etwas lehren, was keine Frau der ganzen Welt könne! Da küßte sie ihn, und er lehrte sie diese Fertigkeit.
»Ich würde mir kein solches Ding kaufen!« setzt der Mann noch hinzu und bekreuzigt sich.
Ich kaufe mir auch keines der Stücke. Aber nicht wegen des Teufels, sondern weil ich kein überflüssiges Geld habe.
In einem kleinen Hafen gehe ich in eine Schenke. Alle sind sehr laut und tanzen, und ich weiß nicht, wohin ich mich setzen soll.
Da sehe ich hinter einem Tisch einen jungen Menschen sitzen. Er hat ein schmales, blasses Gesicht und schöne, dunkle Augen.
Ich setze mich zu ihm und wir reden nichts.
Nicht nur deshalb, weil wir uns nicht verständigen können, sondern weil wir uns auch so verstehen.
Die Musik spielt wild und lockend.
Besonders hübsche, schlanke Mädchen tanzen, die linke Hand eingestemmt, mit der Rechten kokett ein Taschentüchlein schwenkend.

Hinter dem Ohr haben sie Orangen- oder Jasminblüten stecken.
Die Männer tragen lange Pampachas und haben große Sporen an den Stiefeln. Auch sie schwenken ein Tüchlein und sind »Compadre«, das heißt, sie tun sich hervor vor ihren Liebsten. Je mehr Kunststücke einer kann, desto mehr Aussichten hat er.
Er schlägt nach dem Takt das Rad oder macht einen Purzelbaum oder stellt sich auf den Kopf.
Alle lachen und sind ausgelassen lustig.
Ich aber bin traurig.
Die Augen des Mannes machen das. Ich weiß nicht, warum. Er beginnt zu sprechen, und seine Stimme ist so samten wie seine Augen.
Er steckt eine Jasminblüte in mein Haar und sagt: »Meine kleine Mutter Gottes.«
Was ist mit diesem Mann, daß in dieser Fröhlichkeit so viel Leid von ihm ausgeht?
»Wollen wir nicht tanzen?«, frage ich, versuche, mich mit Zeichen verständlich zu machen.
Er versteht aber nicht, was ich meine.
Sofort kommen Mädchen und Männer und wollen uns helfen. Endlich verstehen sie mich.
»Tanzen«, übersetzen sie ihm, und alle beginnen zu lachen, halb verlegen, halb spottend.
Nur der Mann lacht nicht.
Er rückt seinen Stuhl zurück, und nun sehe ich, daß er keine Beine hat.
»Kleiner Schmetterling«, sagt er zu mir, und es klingt fast wie eine Entschuldigung.
Die anderen Leute lachen und gehen nicht weg.
Und so gehe ich.
Am liebsten möchte ich sofort seine Sprache lernen, um

mit diesem Mann zu reden, der mir so einsam in seinem Kummer scheint.
Aber ich reise weiter, durch Leid und Freud, und von beiden bleibt etwas hängen und verdrängt mein eigenes Leben.
Ich spüre, daß ich mich nicht mehr so wichtig nehme.

Weiße Hölle

Ich habe gelesen, daß die Wasserfälle des Iguassû-Stromes die größten der Welt sind.
Bei einer Breite von dreieinhalb Kilometern stürzen sich hier ungeheure Wassermengen in eine Tiefe von fünfundsechzig Metern. Kräfte, die ganz Argentinien, also ein Gebiet ungefähr fünfmal so groß wie Deutschland, mit elektrischem Strom versorgen könnten, liegen hier noch brach.
Tagelang bin ich durch das wilde Mato Grosso, durch Paraguay bis an die Dreiländerecke, wo Paraguay, Brasilien und Argentinien aneinanderstoßen, gereist, um diese Wasserfälle zu sehen, diese ungeheuren Energien, die Gott sei Dank noch nicht dem Menschen nutzbar gemacht worden sind.
Als ich ankomme, ist es schon dunkel.
Ich komme gern abends an. Es ist dann alles so geheimnisvoll.
Ich versuche die Konturen zu enträtseln, aber morgens, wenn es licht wird, sieht es doch ganz anders aus.
Man hat mehr davon, wenn man abends ankommt, weil man zweimal ankommt.
Die Luft ist feucht, der Mond wirft einen fahlen Regenbogen auf die Wiese.
Palmen recken ihre schwarzen Hände in den dunkelblauen Nachthimmel, und aus der Ferne klingt das Donnern der Katarakte.
Es liegen Spannungen und Kräfte in der Luft, die mich so aufregen, daß ich zittere. Ich möchte mich in mich selbst verkriechen.
Neben mir schläft eine Dame aus USA.

Sie redet ohne Unterlaß, und als ich näher hinhöre, merke ich, daß sie über alles schimpft – über China, über Indien, über die Stechmücken hier und über die Iguassû-Fälle, die nicht einmal beleuchtet sind, während die Niagara-Fälle sogar bunt beleuchtet seien.

Nach einer Weile frage ich sie: »Warum reisen Sie eigentlich?«

»Weil ich reich bin«, sagte sie. Und da sie ärmlich aussieht, glaube ich ihr. »Aber ich habe kein Heim, ich möchte mir auf dem schönsten Fleck der Erde ein Haus bauen. Nun bin ich schon fünfmal um die Welt gereist, aber ich habe nichts gefunden. Glauben Sie, gibt es überhaupt einen Platz, der so schön ist, daß man bleiben könnte?«

Für sie wohl nicht mehr, denke ich. Sie gehört zu den Menschen, die wie Räder um die Welt rollen müssen, ohne Rast und Ruh, die sich nirgends glücklich fühlen, über alles schimpfen und weiter rollen und rollen müssen, bis sie kaputt gehen.

Während ich mich schon vom Bewußtsein löse und in die andere Welt hinüberschaukle, denke ich noch, daß man das rollende Rad in seinem Herzen rechtzeitig zum Stoppen bringen müßte.

Viele Plätze auf der Erde sind schön, aber rechtzeitig muß man sich doch für einen entscheiden. Reisen hat nur Sinn, wenn man etwas hat, wohin man wieder »nach Hause« kommen kann, und das wäre vielleicht die Antwort darauf gewesen, wenn die Dame aus USA mich gefragt hätte, warum ich reise.

Ich habe gelesen, daß »I« viel und »Guassû« Wasser in der Indianersprache der Guarani heißt. Aber was ich hier sehe, ist viel, viel mehr als viel Wasser. Bedingungs-

los die Unabänderlichkeit ihrer Bestimmung erkennend, fallen ungeheure Mengen von Wasser wie schwere Silberplatten in die Tiefe.
Manchmal bleibe ich mit den Augen an einzelnen Tropfen hängen und begleite sie von oben, bis sie im weißen Gischt verschwinden; und manchmal identifiziere ich mich mit dem ganzen Wasser und erlebe den tödlichen Schreck des Hinabstürzens mit.
Ich liebe Wasserfälle.
Man sieht in ihnen die Unvergänglichkeit der Natur durch die Vergänglichkeit. Man sieht, daß auch der Tod des Menschen kein Ende, sondern nur ein Bindeglied zu neuem Leben bedeutet.
Der einzelne kleine Tropfen fällt zwar, aber was ist er in der Gesamtheit? Das rauscht und braust über ihn hinweg, vergehend, werdend, werdend, vergehend, ewig.
Ein Indianermärchen erzählt, daß dieses Wasser die Tränen des Berges sind, der über seine tote Geliebte weint. Vielleicht beweint er diesmal andere Tote.
Vor wenigen Tagen wurde ein Floß mit vielen Menschen hier in den Abgrund gerissen, Knechte, die vor dem »großen Mörder« geflohen waren. Niemand wagt es hier, mir seinen richtigen Namen zu nennen, um »ihn nicht wachzurufen«, wie sie sagen.
Der »große Mörder« ist Besitzer vieler Ländereien und vieler Menschen.
Kann man denn noch Menschen besitzen, denke ich? Ist denn der Sklavenhandel nicht abgeschafft?
Ja, gewiß, offiziell schon. Aber der »große Mörder« hat Wege gefunden, wie man erlaubterweise zum Menschenbesitzer werden kann, Eigentümer von Männern, die für ihn arbeiten und den Urwald roden müssen, da wo nichts ist als Malaria und Schlangen.

Nur manchmal, wenn sie aus dieser Wildnis herauskommen und ein paar Frauen, die am Rande des Urwaldes wohnen, besuchen, erinnern sie sich, wie es sein könnte, wenn sie leben würden.
Aber diese Frauen sind anspruchsvoll. Sie möchten gern Ohrringe haben und Armbänder oder irgend etwas, was glänzt.
Das weiß der »große Mörder«. Deshalb schickt er seine Verkäufer in den Wald zu ihnen. Schnell erkaufen sich die Männer mit den ersehnten, glänzenden Dingen ein paar Stunden Leben. Erst für einen Monatslohn, dann nehmen sie Vorschuß, und plötzlich sind sie auf Jahre im Besitz dieses Mannes, der wie eine Spinne in der Mitte dieses Netzes sitzt.
Nun wollen sie fliehen. Aber überall steht Grenzpolizei, die unbarmherzig jeden Flüchtling niederknallt. Nur den Flußlauf braucht der »große Mörder« nicht bewachen zu lassen.
Ahnungslos hatten sich die Knechte ein Floß gebaut, und ohne zu wissen, wie der Fluß heißt, ohne zu wissen, daß er sie in den todbringenden Abgrund stürzt, ohne jemals wieder erfahren zu haben, daß das Leben auch schön sein kann, sind sie in dieser weißen Hölle verschwunden, für immer.
Nichts, auch nicht den kleinsten Splitter des Floßes hat man wiedergefunden.
In den ungeheuren Akkorden der Fälle höre ich noch den grellen Schrei.
In der Tiefe, in dieser gurgelnden, brausenden Mühle glaube ich weißpolierte Knochen zu sehen und kleine Ohrringe und Armbänder.
Der Abgrund läßt mich nicht los, magnetisch zieht er mich zu sich.

Kleine schwarze Schwalben schießen auf und nieder und drehen sich im Kreise und locken, locken mich, die Erdenschwere abzustreifen und es ihnen gleichzutun. Da zerreißt eine Stimme meine Gedanken.
»Isn't it charming?« sagt die Stimme.
Manchmal möchte ich allein sein auf der Welt.

Die Anden

Patagonien!
Staub, Staub, zum Fenster des Zuges kommt er herein, zur Tür. Überall liegt er fingerdick.
Was immer man im Speisewagen bestellt, ist paniert, paniert mit einer dicken Staubschicht.
Die Augen werden rot und brennen. Man weiß nicht, womit man sie säubern soll. Die Hände, das Taschentuch, alles würde noch viel mehr Staub hineinreiben.
Die armen Menschen, die hier wohnen müssen!
Fast alle sind sie augen- und lungenkrank.
Nichts Grünes habe ich gesehen, nur graubraune, hohe Grasbüschel. Schafe und Staub, Staub.
Und doch hat diese Öde Patagoniens etwas Großartiges. Diese Einheitlichkeit, bis zum Horizont durch nichts unterbrochen, wirkt reizvoll.
Herrliche Sonnenuntergänge gibt es. Durch die Staubteilchen in der Luft erscheint die Sonne doppelt so groß als sonst, und blutrot taucht sie unter.
So geht es Tage und Nächte.
Und plötzlich sind die Anden da!
Und man staunt und kann es gar nicht fassen.
Das Auge, an die patagonische Ebene gewöhnt, erschrickt fast.
Und habe ich eben gesagt, daß die Ebene ihren Reiz hat, so juble ich jetzt den Bergen zu.
Die Luft wird klarer und reiner.
Noch einmal fegt der Kellner des Speisewagens mit dem Wedel den ganzen Staub von einer Stelle zur anderen.
Dann hat dieses Staubkriechen und Schlangendasein für uns ein Ende.

Auf dem Bahnhof in Bariloche steht ein finster blickender Mann. Als er mich sieht, kommt er auf mich zu, sagt mir, er heiße Ruben, und gibt mir einen Zettel, auf dem spanisch und deutsch folgende Sätze stehen:
1. Fahren wir gleich zur Insel.
2. Wollen Sie etwas trinken?
3. Sie brauchen keine Angst zu haben, das Boot ist sicher.
Dieser Zettel ist von meinen Freunden, bei denen ich eingeladen bin, geschrieben und soll mir helfen, mich verständlich zu machen.
So zeige ich denn auf Satz eins, und der heißt: Fahren wir gleich zur Insel.
In einem kleinen Hafen liegt ein Motorboot.
Der finstere Mann setzt sich ans Steuer und wir fahren.
Unser kleines Boot verschwindet in dem riesigen See.
Wie in einer weißen Nußschale tanzen wir auf den wilden Wellen.
Das also ist der Nahuel Huapi, das also sind die Anden?
»Anden, Anden«, sage ich ein paarmal, um den Klang des oft gesprochenen Wortes mit der Wirklichkeit zu verbinden, und der Klang und die Wirklichkeit passen zueinander, und das Blau des Himmels paßt zum Blau des Sees, und ich freue mich, daß ich auf der Welt bin.
»A–a–anden, A–a–anden«, singe ich mit offenem Herzen und offenem Munde.
Ich muß meiner Freude Freiheit schaffen.
Da kommt eine Welle und schwappt mitten in den A–a–anden-Mund hinein.
Der finstere Ruben dreht sich um und reicht mir den Zettel. Sein Finger zeigt auf den Satz zwei: Wollen Sie etwas trinken?

»Nein«, sage ich, prustend und schluckend.
»Si«, sagt er.
»No!«
»Si!«
Er wird fast wütend, aber ich auch, weil ich denke, er will mich wegen meines Mißgeschickes foppen. Ich habe jetzt eben genug getrunken. Ich sage daher nochmals:
»No! No! No!«
Da läßt er das Steuer los, springt auf, rüttelt an den Wänden, springt von einer Seite auf die andere, steigt auf das Dach und trampelt mit den Füßen darauf herum.
Er muß verrückt geworden sein, denke ich. Das Boot hat seinen Kurs verloren, und wir wären sicherlich gestrandet, wenn Ruben nicht im letzten Moment heruntergesprungen wäre und das Steuer herumgerissen hätte.
Ich schaue ihn ganz eingeschüchtert an.
Da nimmt er noch einmal seinen Zettel vor, sagt wieder ein paarmal »Si, si, si«, und zeigt mir noch einmal den Satz.
Ach so! Er hatte sich im Satz geirrt. Er meinte: Haben Sie keine Angst, das Boot ist sicher!
Weil ich aber immer »No! No!« sagte, wollte er mir das beweisen.
Nun lache ich und sage »Si«, und nun sind wir beide zufrieden, bis wir zur Insel kommen.

Niemals soll man leichtsinnigerweise sagen:
»Und wenn Sie mal Zeit haben, dann kommen Sie uns besuchen!«
Man kann noch so weit wohnen, einmal kann man doch plötzlich beim Wort genommen werden.
Wer hätte damals bei der netten Gesellschaft in Wien

gedacht, daß ich nun wirklich in den entlegenen südlichen Winkel Argentiniens auf diese einsame Insel kommen würde?
Ebensogut hätte man beim Abschied sagen können:
»Und wenn Sie einmal Zeit haben, kommen Sie mich doch auf dem Mond besuchen!«
Man hätte auch nicht mehr gelacht.
Und doch ist es nun Ernst geworden, und ich bin da, stehe ebenso plötzlich da wie die Anden.

Wieder einmal sind es Deutsche, die ein großzügig angelegtes Projekt der argentinischen Regierung verwirklichen.
Drei Millionen Pesos sind ausgeschüttet worden, um die schönsten Teile des Landes als Nationalpark zu schützen. Dazu gehören die Iguassû-Fälle, die ich schon gesehen habe, und das argentinische Seengebiet, in dem ich jetzt bin.
Die beiden Deutschen, zu denen ich eingeladen bin, sind die Leiter der zoologischen Station in diesem Gebiet. Diese märchenhafte Landschaft ist nämlich kaum von Tieren bevölkert.
Seuchen und ungehemmte Jagd haben sie fast völlig ausgerottet. Aufgabe der zoologischen Station ist es jetzt, wieder Tiere aufzuziehen, zu zähmen und zu hegen.
Die Idee ist noch ganz jung, zwei oder drei Jahre alt, und die Station erst im Aufbau begriffen.
Vor allem mußte man ja den Boden dem Urwald abringen. Da, wo ich jetzt schon große Wiesenflächen und weite Felder sehe, war vor einem Jahr noch undurchdringlicher Urwald.
Ein großes Blockhaus steht am Rande des Waldes und daneben ein kleineres für Gäste.

Es ist eine richtige Robinson-Insel. Auch die beiden, Robinson und Freitag, passen hierher.
Auf Schritt und Tritt werden sie von zwei Lamas begleitet, die eigentlich keine Lamas sind, sondern Guanacos. Sie sind immer lustig und springen wie Clowns umher. Sie haben schöne, große, ernste Kinderaugen und eine weiche Schnauze. Ich möchte sie gern streicheln und lieb zu ihnen sein, aber sie können mich nicht leiden. Sie sind eifersüchtig auf mich neuen Eindringling, und wenn sie mich nur sehen, hören sie auf, fröhlich zu sein, legen die Ohren zurück und beginnen zu spucken. Sie stellen sich auf die Hinterbeine, so daß sie ganz groß werden, und trampeln mit den Vorderhufen auf mir herum. Das ist sehr unangenehm. Leider müssen sie meinetwegen eingesperrt werden.
Nun stehen sie auf einem großen, eingezäunten Platz, und wenn ich vorbeikomme, tun sie beleidigt.
Freilich weiß ich, daß ich schuld daran bin, wie ich überhaupt weiß, daß ich hier ein Fremdkörper bin. Tiere und Menschen sind durch die Einsamkeit so miteinander verwachsen und verbunden, daß ich wie ein Stein bin, den man in ein stilles Gewässer wirft und der den ruhigen Spiegel zerstört.
Ich stehe mir selbst im Wege. Ich mag mich nicht. Meine Stimme klingt fremd hier, weil sie zu laut ist für die Stille, für diese Urstille.
Ich kann auch nirgends mitarbeiten, und daß ich so unnütz bin, macht mich ganz unglücklich.
»Vale lo, que pesa!« »Jeder ist das wert, was er wiegt«, so lautet ein argentinisches Gaucho-Sprichwort.
Was ich wiege, habe ich immer schon gewußt, es war mir immer zuviel. Aber was ich wert bin, habe ich noch nie gewußt, und ich hätte nie gedacht, daß es so wenig ist.

Freilich ist der Wert eines Menschen relativ.
Was in der Stadt Wert hat, ist hier ganz ohne Sinn, und umgekehrt.
Hier auf dem Camp ist es so: der Mann arbeitet auf dem Feld, im Wald, oder er jagt, und die Frau ist zu Hause und besorgt den Haushalt. Dort ist ihr Reich, und dort muß sie zeigen, daß sie etwas wert ist.
Kann sie nebenbei auch plaudern, etwas Klavier oder Bridge spielen, so ist das sehr nett. Wenn sie aber nicht stopfen und kochen kann, nützt der Charme nichts. Der Mann muß zu essen haben. Er muß etwas anzuziehen haben, und da weit und breit keine Geschäfte sind, muß die Frau für Ordnung sorgen. Und wenn sie das nicht kann, ist sie eben nichts wert, und Schluß! Deshalb fange auch ich rasch zu lernen an.

Ich komme mir hier vor wie ein Baum, der eine Weile gewachsen war, immer schneller und höher. Aber nur oben wurde er grün und belaubt.
Die anderen standen alle viel zu nahe und haben ihm Luft und Licht weggenommen.
Jetzt, da er allein steht und Platz hat, kann er viel nachholen und sich ausbreiten.
Freilich wächst er dabei nicht auch noch in die Höhe, aber er dehnt sich und kann seine wirkliche Form erlangen.
Aber um Neues zu bekommen, muß man Altes wegwerfen. Dinge, die mir gestern noch als sehr wichtig erschienen sind, empfinde ich heute als Ballast.
Morgen wird es vielleicht anders sein, aber ich denke an kein Morgen, ich denke an kein Gestern.
Ich lebe! Und das allein scheint mir Grund und Sinn allen Daseins.

Könnte die Freude über meinen Körper Herr werden, würde ich fliegen, höher, immer höher, bis ich mich vereinen würde mit dem Sonnenschein und der warmen, zitternden Luft.

Nie noch war ich der Natur, dem Leben so nahe wie jetzt.

Was ist Berühmtheit, was ist Ehrgeiz?

Wie eine Peitsche ist der Ehrgeiz, der den Menschen vorwärts jagt, hinauf, hinauf, immer höher und höher. Aber die Täler sind doch auch schön!

Vor mir liegen die beschneiten Anden.

Manchmal sind sie zum Greifen nahe und manchmal weit, weit weg.

Eine zartgrüne Wiese dehnt sich bis zum See, übersät mit leuchtend gelben Blumen. Und der See selbst ist dunkelblau, fast violett.

Die Zeit zieht vorüber, und ich denke an all die Menschen, wie sie jagen und hasten, und ich dehne mich im weichen Gras und blinzle in die Sonne und denke, daß es weit, weit in der Ferne jetzt kalt ist.

Und viele Kolibris schwirren um mich herum und tauchen ihre zarten, langen Schnäbel im Fluge in die Blumenkelche.

Die Sonne, die Erde, die Sterne, alles bewegt sich, ich aber verharre ruhig. Die Zeit zieht an mir vorbei, sie braucht mich nicht. Alles geht so gut ohne mich, das ist so beruhigend.

Die Hast, mehr und mehr zu sehen, ist vorüber. Nein, jetzt bin ich kein Fremdkörper mehr. Langsam hat die fremde Welt ihre Arme geöffnet und mich an ihr Herz gedrückt.

Und ich habe andere Ohren bekommen und andere Augen.

Ich sehe Dinge, die ich früher nicht gesehen habe, den Farbenkontrast einer gelb-grünen Zypresse zum Beispiel, gegen den strahlend blauen Himmel.
Auch in diesen kleinen Dingen liegt Südamerika. Es müssen nicht immer gleich Jaguare und Schlangen kommen.
Kein naturfremder Ton zerreißt die Stille.
Manchmal lacht ein Chucao aus dem Gebüsch des Urwaldes. Ein sehr scheuer Vogel ist das. Ich konnte ihn niemals zu Gesicht bekommen, obwohl ich ihm mehr als einmal im Gestrüpp nachgekrochen bin. Er lachte eine ganze Skala, von hoch bis tief.
Nußgroße, goldene Hummeln tragen ihre schweren Samtkörper mit tiefem Gebrumm von Blume zu Blume. Immer wieder kann ich sehen, wie diese Hummeln in die Blumen hineinkriechen, ernst und gewichtig, um den Honig zu holen, und wie sie dann goldgepudert wieder herauskommen.
Und sie wissen es gar nicht. Sie denken, bloß das Honigsammeln und Umherfliegen, die Sorgen also um das tägliche bißchen Leben, das sei ihr Lebenszweck; und wissen nicht, daß sie eine ganz andere Sendung haben: den Blütenstaub von Blüte zu Blüte zu tragen.
Vielleicht haben auch wir Menschen, von einer anderen Perspektive aus gesehen, eine andere Mission, als wir denken.

Renga ist tot

Eines Abends finden wir Renga nicht, einen von den Huemul-Hirschen. Es ist eine ganz seltene, im Aussterben begriffene Hirschart der Anden.
Man hat einige Exemplare auf die Insel gebracht, um sie zu züchten und anzuzähmen.
Sie wurden im Gebirge gefangen, als sie noch ganz klein waren, und mußten mit Milch aufgezogen werden. Es sind die einzigen Huemule der Welt, die in der Gefangenschaft leben, und sind so zahm, daß sie aus der Hand fressen.
Plötzlich ist Renga weg.
Wir suchen sie auf der ganzen Insel, rufen und rufen.
»Renga, Renga.« Aber nichts rührt sich.
Wenn sich ein Tier wo verkriecht, ist es aussichtslos, es noch lebend zu finden.
Und so ist es auch.
Tief in einem Busch liegt Renga tot.
Wieviel Arbeit, Liebe und Sorgfalt, wieviel Einfühlung und Geduld steckt in einem so kleinen Tierkörper! Nun ist plötzlich alles aus, weggeblasen, fort. Erschüttert stehen wir um Renga, und der Patron pfeift dünn durch die Zähne.
Auch wir sind sehr traurig.
Als dann Renga untersucht wird, stellt sich heraus, daß das Tier an Maul- und Klauenseuche zugrunde gegangen ist.
Der ganze Weideplatz ist also verpestet. Was soll man bloß tun?
Die anderen Huemule werden natürlich die gleiche Seuche bekommen. Die Kühe werden sie bekommen und

auch wir Menschen, durch die Milch, die wir trinken. Aber im Augenblick sind wir selbst nicht wichtig. Nur an die Huemule denken wir.
Sie alle werden eines Morgens so daliegen wie jetzt Renga. Und das ist gar nicht auszudenken.
Es ist, als wäre die Pest plötzlich auf die Insel gekommen und wohnte unter uns.
Der Patrón und Ruben impfen zur Vorsicht alle anderen Huemule, und dann treiben wir sie weg. Aber immer wieder laufen sie dahin, wo ihr toter Kamerad lag. Wir stehen oft nachts auf und vertreiben sie von dort. Wir zählen sie immer wieder. Wir untersuchen immer wieder ihre Zähne, wir denken überhaupt an nichts anderes mehr.
Wenn ich in der Luft Geier sehe, laufe ich und schreie und suche Michimumu, Tocotoco, Gura und Vuze. Denn dort, wo Geier schweben, liegt bestimmt ein totes Tier. Sie benagen es und in wenigen Minuten ist nichts mehr da, außer dem sauber abgeputzten Skelett.

So vergehen ein paar Tage. Wir sprechen kein Wort bei Tisch.
Oft habe ich das Gefühl, daß meine Zähne anfangen, sich zu lockern. Ich bilde mir ein, mit der Zunge Bläschen am Zahnfleisch zu spüren.
Auch die anderen haben das, aber keiner sagt etwas. Wir wollen uns nicht noch mehr nervös machen.
Die Tage vergehen, und die Huemule bleiben gesund. Auch die Kühe – auch wir.

Meine Inseltiere

Die Schranke zwischen mir und den Inselbewohnern ist gefallen. »Leid bringt die Menschen zusammen«, sagt der Volksmund. Das ist zwar ein Gemeinplatz, aber manchmal sind auch Gemeinplätze wahr.
Das unausgesprochene Vorurteil, das man mir als Städterin entgegengebracht hat, ist verschwunden, und die Inselbewohner merken, daß man trotzdem ein Mensch sein kann. Ich werde aufgenommen in ihre Gemeinschaft und fühle mich nicht mehr überflüssig. Langsam bin ich das wert geworden, was ich wiege.
Morgens zerschneide ich Rüben und hartes Brot, gehe damit auf die Wiese und klopfe mit dem Messer auf einen Holztrog, daß es durch den Wald schallt wie die Kriegstrommeln der Pygmäen.
Dann rufe ich: »Tocotoco!« und bald darauf kommen sie langsam ziehend heran, die Huemul-Hirsche: Michimumu, Tocotoco, Gura, Vuze und Bambi.
Michimumu ist die kleinste und mein Liebling.
Sie ist so zahm, daß sie zum Bett kommt oder in die Küche.
Sie ist sehr musikalisch, und wenn man irgendwo singt, kommt sie sofort.
Ich bürste ihr jeden Morgen das glänzende Fellchen mit einer Drahtbürste, weil sie sehr unter den großen Stechfliegen leidet. Das hat sie gern.
Bambi, ein herrlicher Damhirsch, macht sich eigentlich nicht viel aus seinen Frauen. Er kommt nur mit ihnen zusammen, um zu fressen.
Sonst ist er bis über beide Geweihe in Llegua, eine schöne weiße Stute, verliebt.

Er schläft neben ihr und liegt den ganzen Tag bei ihr. Selbst wenn wir ausreiten, läuft er immer hinter ihr drein.

Aber seine Liebe ist unglücklich, und wenn es ihn zu sehr drückt, dann muß er sich irgendwie Luft machen. Dann macht er irgendeinen Unsinn.

Es fallen ihm die tollsten Dinge ein. Am liebsten jagt er dann die Kühe. Aus Angst vor seinem spitzen Geweih rasen sie im Galopp davon, daß ihre Euter rechts und links hin und her schwenken und die Glocken bimmeln, als käme die Feuerwehr.

Bambi immer knapp hinterdrein, bis es ihm langweilig wird. Dann legt er sich wieder demütig zu Füßen seiner Llegua.

Wenn ich die Huemule gefüttert habe, bereite ich den Maté.

Maté kann man vor dem Frühstück trinken und nach dem Frühstück und vor dem Mittagessen und nach dem Mittagessen, und vor dem Maté kann man Maté trinken und nach dem Maté auch.

Man muß ihn aber ganz vorschriftsmäßig und mit Liebe zubereiten.

In einen kleinen, ausgehöhlten Kürbis, die Maté, wird etwas mehr als eine Handvoll getrockneter Blätter der Yerba eingefüllt. Es darf aber wirklich nicht mehr sein als eine gute Handvoll und auch nicht weniger. Das ist sehr wichtig, weil es fast eine heilige Sache ist. Dann erhitzt man das Wasser.

Aber das Wasser darf nicht kochen! Es muß eben richtig sein. Da muß man sehr aufpassen, wenn man sich nicht die Verachtung aller zuziehen will.

Der Maté wird auf dem Camp von der Frau bereitet und aufgetragen. Selbst mittrinken darf sie aber nicht, so wenig wie sie sich an den Gesprächen der Männer beteiligen oder gar an ihrem Tisch sitzen darf.

Aber da ich eine Gringa, eine Ausländerin bin, darf ich Maté mittrinken.

Wenn das Wasser in die Maté gefüllt ist, reiche ich sie mit ernster Miene meinem Nachbarn zur Rechten, der sie mit großer Grandezza in Empfang nimmt. Mit einem Röhrchen der Pompilla schlürft er den grünen, bitteren Saft heraus und reicht mir mit ernster Miene das Gefäß zurück. Ich gieße wieder Wasser nach. Die Wasserkanne muß ich in der linken Hand halten und in der rechten eine kleine Serviette, in die ich die Maté stelle.

So muß alles sein und nicht anders.

Hat der Rand der Maté oben einen grünen Schaum, dann ist genügend Wasser drin, dann ist das Wasser auch richtig erwärmt, dann ist die Menge der Yerba richtig, und dann ist alles in Ordnung, und ich kann nun dem nächsten Nachbarn aufwarten und so fort, bis die Maté ein paarmal im Kreis herumgegangen ist. Wer mir die Maté zurückgibt und »Danke« sagt, wird in der nächsten Runde übersprungen. Denn damit will er sagen, daß er nun genug hat und nicht mehr trinken will. Nur ein Gringo sagt schon nach dem ersten Male »Danke« und wundert sich dann natürlich, wenn er übergangen wird.

Nach dem Maté wird ein Gong geschlagen.

Dann gehen die Knechte mit Axt und Gewehr und Dynamit in den Wald und sprengen Bäume heraus und roden den Urwald.

Da keiner von ihnen eine Uhr hat, wird um zwölf wieder gegongt, um sie zum Essen zurückzuholen.

Oft müssen sie schon vorher zurück, denn wenn die Kühe heiß werden, kommen wilde Stiere ins Gehege, und

die Knechte müssen sie schießen. Oft springen die Stiere über den Gartenzaun in den Garten und zertrampeln das Gemüse und die Blumen. Es sind große, mächtige, wilde Toros, wie Auerochsen, Nachkommen von Tieren, die vor ungefähr einem Jahrhundert ein Estanzero auf der Insel zurückgelassen hat. Sie haben sich seither ungeheuerlich vermehrt und sind völlig verwildert. Man kann ihretwegen auf der Insel ohne Gewehr nicht ausreiten. Wenn ich allein spazieren gehe, so muß ich mich von Lichtung zu Lichtung schleichen und mir immer vorher einen Baum aussuchen, auf den ich im Notfall klettern kann. Das ist natürlich kein sehr gemütlicher Spaziergang in unserem Sinne und ein Nachteil der Insel.
Ein Vorteil aber ist es, daß ein solcher Stier ungefähr 800 Kilogramm wiegt und wunderbar schmackhaftes Fleisch hat.
Wir leben ausschließlich von diesem Fleisch. Die Stiere werden gleich an Ort und Stelle abgezogen und nur die besten Stücke mit nach Hause genommen. Leber, Hirn, Magen und alles andere, was hier als minderwertig angesehen wird, bleibt liegen und wird sofort von den ewigen Fressern, den Geiern, vertilgt.
Riesige Keulen hängen bei uns in der Speisekammer, und auch die Knechte haben oft ganze Kälber in ihrem Hause hängen.
Um die Mittagszeit gehe ich in die Fleischkammer. Dann begleiten mich Piccoli, Teifi, Schulze, Kloy, die Katzen, und Adda, die große schwarze Dogge. Ich schneide mit dem Messer Portionen ab, die eine dreiköpfige Familie ernähren könnten, und verteile sie an die Tiere. Jedes Tier hat seine eigene Schüssel.
Und sie dürfen erst zu fressen anfangen, wenn ich »los« sage.

Adda und ich begrüßen uns jeden Morgen aufs herzlichste. Dann spielen wir einen kleinen Einakter zusammen, in dem sie die Hauptrolle hat und ich ihr nur Stichworte bringe. Das geht so.

Ich trete auf.

»Ja, da ist ja die Adda!«

Adda springt auf mich zu und stützt sich mit ihren Vorderpfoten auf meine Schultern.

»Pfui, Adda, weg!«

Adda geht ein Stück weg, sie hat ein schlechtes Gewissen.

»Setz dich!« Adda tut es.

»So ist es brav! Und jetzt sag schön guten Morgen!«

Adda gibt mir mit ergebenem Augenaufschlag ihre schwere, schwarze Pfote.

»Sehr bra-av, sehr bra-av!«

Adda gähnt vor Verlegenheit.

»Jetzt kriegst du auch eine große Portion!«

Adda springt auf und schlägt mit ihrer Rute vor Freude nach rechts und links. Das tut weh, denn die ist wie aus Eisen.

»Au! Pfui! Platz.«

Sofort tut sie es.

»Du bist ja eine ganz widerliche Person!«

Adda hält den Kopf schief und bekommt vor Kummer Stirnfalten.

»So mag ich dich gar nicht, geh weg!«

Sie drückt sich ganz flach auf den Boden, schaut zu mir herauf, daß man nur das Weiße ihrer Augen sieht, und schleicht sich wie eine Schlange weg.

»Na, also komm her!«

Schnell schmiegt sie sich an mich, nimmt meine Hand in ihr gefährliches Maul mit den großen Zähnen und knabbert zärtlich und vorsichtig an den Fingern herum.

»Weißt du nicht, wo die Kloy ist? Wo ist denn die Kloy, das Kätzchen?«
Kloy ist der Liebling der Adda, und sie trägt sie immer in ihrem Maul spazieren. Sofort lacht sie über das ganze Gesicht und sucht mit tänzelnden Schritten das Kätzchen.
»Oder kommt vielleicht der Russo?«
Russo ist ein Knecht, den sie nicht mag.
»Paß gut auf!« Adda spitzt die Ohren und bekommt böse Augen.
»Oder kommt vielleicht gar der Clawell?«
Das ist der Ochse, den sie besonders haßt.
Da zeigt sie die Zähne und grollt wie ein Gewitter.
Und nun kommt der Schluß.
»Putz ihn weg!« Adda bellt wütend auf und saust ab.
Es ist eine Beziehung zwischen Tieren und Pflanzen und Menschen, wie ich sie noch nie erlebt habe.
Es hat nichts mit dem wehleidigen, verliebten Getue mit den Ziertierchen der Stadt zu tun.
Sondern der Mensch, der ja die Fülle alles Lebenden ist, ist zu den Tieren wie ein Tier und zu den Pflanzen wie eine Pflanze.
Ich kenne alle Sympathien und Antipathien der Inseltiere, alle ihre Eigenarten und Unarten. Und ich habe alles an ihnen lieb.
Ich weiß genau, daß Adda den Eidechsen den Kopf abbeißt oder Teifi ein Vogeljäger ist. Und trotzdem habe ich sie lieb. Warum sollen denn gerade Tiere keine Schwächen haben?
Piccoli, eine Kreuzung zwischen einem Angorakater und einer Wildkatze, ist die letzte, die mich in die Inselgemeinschaft aufnimmt. Sie bleibt kühl und ablehnend zu mir. Sie läßt sich von mir nicht streicheln und kratzt und faucht mich an, wenn ich sie aufheben will.

Dann aber überlegt sie es sich anders. Eines Morgens wache ich auf, weil Piccoli auf mein Bett gesprungen ist und mit ihrem Fell dicht an meinem Gesicht vorbeistreicht.

»Aha«, sage ich, »jetzt auf einmal kommst du. Aber jetzt will ich schlafen«, und ich werfe sie zur Tür hinaus.

Da sitzt sie eine Weile und weint. Dann läuft sie die Treppe hinunter und kommt von außen durch das Fenster wieder herein. Sie springt wieder auf das Bett und sitzt nun dicht bei mir.

»Piccoli«, sage ich, »bist du denn verrückt?«

Aber sie weint so kläglich, sie jammert so sehr und sieht mich so angsterfüllt an, daß ich sie plötzlich verstehe.

Dann windet sie sich, dehnt sich und jammert dabei. Kaum aber liegt ein kleines Kätzchen auf der Bettdekke, springt sie auf, packt es mit den Zähnen, schüttelt es, wirft es hin und her, bis das Dingchen atmet und das erste »Miau« seines kleinen Katzenlebens macht.

Und dann ist sie beruhigt und dehnt und streckt sich wieder.

Ich kann ihr mit nichts helfen, vielleicht allein durch meine Gegenwart.

Als sie dann wieder ruhig daliegt, alles schön sauber gemacht hat und die Kätzchen bei ihr trinken, bescheint die Sonne ihren Kopf, und die grauen Haare leuchten wie gesponnenes Glas um ihr Gesicht. Es ist das Gesicht einer Mutter. Und ich denke plötzlich, ob Katze oder Blume oder Mensch, alle sind wir hier auf der Erde Träger dieses Urgefühls, sind wir nur irgendwelche Formen oder Ausdrucksmittel dieser großen Dinge.

An das Schwierigste machte ich mich unbefangen heran. Durch Sachkenntnis völlig ungetrübt, mit traumwand-

lerischer Sicherheit wage ich mich zum Beispiel an einen Apfelstrudel.
Es ist eine Keckheit von mir, da ich noch nie in meinem Leben vorher einen versucht habe. Und ein Apfelstrudel gehört schon zur höchsten Kochkunst!
Ich rufe mir alles, was ich je über Apfelstrudel gehört, gelesen und gesehen habe, aus der Erinnerung zurück, und er wird ganz anständig, jedenfalls ein Apfelstrudel, und wird sogar aufgegessen.
Frau Ruben hat mir beigebracht, daß es den Gedanken: es geht nicht, das kann ich nicht, überhaupt nicht gibt. Sie ist die einzige Frau außer mir auf der Insel und führt im Knechtehaus die Wirtschaft. Sie macht es natürlich viel besser als ich, denn sie hat ja die Erfahrung voraus. Die Menschen auf dem Camp können einfach alles.
Soll ein Haus gebaut werden, bauen sie ein Haus. Sollen Fenster hinein, verwandeln sie sich in gelernte Glasermeister. Die Möbel machen sie selbst und bemalen sie, die Blumen pflanzen sie, das Schwimmbad betonieren sie, und sie stimmen auch ihr Klavier.
Natürlich baut ein Baumeister besser, ein Tischler macht schönere Möbel, aber darauf kommt es ja gar nicht an. Die Hauptsache ist, es steht ein Haus da, die Hauptsache, es kommt das Essen rechtzeitig auf den Tisch.
Ob der Apfelstrudel nun etwas pappig ist oder hart, das spielt jedenfalls keine Rolle. Und dadurch lernt man viel schneller, weil man alle Theorie wegläßt und gleich mitten in die Praxis hineinspringt. Und so gehe ich auch freundlich und ohne Arg daran, mir ein Kleid zu nähen. Zwar habe ich keine Nähmaschine, keinen Schnitt, keinen Spiegel zum Probieren und schließlich nicht mal Stoff. Aber irgendwie wird es schon gehen, weil es eben gehen muß.

Ich nehme also einen alten Vorhang, der zu nichts Besserem mehr gebraucht wird, lege ihn auf den Boden und schneide mir aus Zeitungspapier Schnitte aus. Ärmelloch, Brustabnäher, gestürzte Naht, solche Schlagworte, die ich gehört habe, gehen mir durch den Kopf.

Die Tiere sind um mich versammelt. Sie langweilen sich sehr.

Adda gähnt von Zeit zu Zeit laut, um sich bemerkbar zu machen. Die Katzen sitzen auf dem Fensterbrett und wissen gar nicht, was für dummes Zeug ich da immer mit dem Papier mache.

Plötzlich spielen sie, als seien die Papierschnitte weiße Mäuse, springen von ihrem Platz herunter, packen die Zeitungen mit den Zähnen und hinaus damit aus dem Fenster in den Wald.

»Halt, meine Schnitte!«, schreie ich. Aber sie sind weg.

Adda freut sich.

»Komm, gehen wir nach«, und sie tänzelt und macht einladende Kopfbewegungen zur Tür.

Über Wurzeln, durch Lianen hindurch, über umgestürzte Bäume weg, die drei Mann nicht umfassen können, springen und klettern wir. Verdammtes Katzenvolk, denke ich.

Plötzlich steht ein Stier vor mir.

Er ist schwarz wie der Teufel selbst. Sonst weiß ich nichts, da mir der Atem in der Kehle stecken bleibt. Er scharrt mit den Hufen die Erde auf, daß sie zu beiden Seiten hoch aufspritzt, und senkt den Kopf mit den gefährlichen Hörnern zum Zeichen des Angriffs.

Auf einen Baum, nichts als auf einen Baum! fährt es mir durch den Kopf. Ich lasse das Tier nicht aus den Augen und suche doch zu gleicher Zeit nach einem passenden Baum.

Das kann man nämlich, wenn man muß.
Endlich habe ich einen gefunden, bei dem der erste Ast nicht zu hoch und auch nicht zu niedrig ist. Mit Macht reiße ich mich aus meiner Starre, springe hin und ziehe mich hoch. Es geht gut.
Der Stier braucht eine Weile, ehe er sich darauf einstellt, daß ich jetzt auf dem Baum sitze. Dann rennt er mit aller Wucht dagegen an.
Es kracht, und dumpf kommt das Echo aus dem Wald; noch einmal und noch einmal. Immer wieder versucht er es. Der Baum steht schon fast schief.
Lange wird er es nicht mehr aushalten. Ich muß also den Stier ablenken und werfe mein Jäckchen hinunter.
Der Stier packt es mit den Hörnern, wirft es in die Luft und trampelt mit seinen klobigen Füßen darauf herum, daß die Erde zittert.
Wenn ich denke, daß ich fast noch in dieser Jacke stekke, wird mir heiß und kalt.
Adda ist Gott sei Dank verschwunden.
Ich weiß nicht, wie lange das gedauert hat. Mir kommt es wie Jahre vor.
Dann tauchen endlich der Patrón auf und Ruben, und sie schießen auf das wütende Tier.
Aber es sinkt nicht um. Sie schießen immer wieder. Als ob er unverwundbar wäre, als ob er der Gottseibeiuns leibhaftig wäre, so wenig scheinen ihn die zwanzig Kugeln, die er nun im Leibe stecken hat, zu stören.
Plötzlich schreit Ruben mit gurgelnder Stimme, flucht, springt vom Pferd, reißt sein Messer aus dem Gürtel, wartet auf den Anlauf des Stieres, springt mit einer behenden Wendung zur Seite, dreht sich aber blitzschnell wie eine Pantherkatze und schneidet dem Bullen die Sehnen der Hinterfüße durch.

Nun bricht der Stier zusammen und bekommt den Todesstoß.
Erst als ihm schon die Haut abgezogen wird, krieche ich vom Baum herunter.
»Endlich habe ich etwas« – – erlebt, will ich sagen. Aber da breche ich schon ohnmächtig zusammen.

Adda und ich sind seither unzertrennliche Freunde. Sie ist damals zum Haus zurückgelaufen und hat so lange gebellt, bis alle wußten, es müsse etwas Außergewöhnliches vorgefallen sein.
Dann war sie im Galopp vorausgelaufen zu dem Platz, wo ich wie ein zitterndes Pavianäffchen auf dem Baum saß.
Mein Kleid habe ich fertig gemacht. Viel Staat ist freilich nicht damit zu machen, aber von all meinen Kleidern ist es mein teuerstes, denn fast hätte es mich das Leben gekostet.

Feuer im Freien

Nicht nur die Gefahr, in der ich schwebte, liegt mir noch in den Knochen, sondern der ungeheuerliche Haß dieses Tieres hat mich zutiefst erschreckt.

Ich habe es in keiner Weise angegriffen, und es hätte mich nicht einmal fressen können, sondern nur zerstören. Zerstören aus Haß, aus Feindschaft, aus Angst. Das sind Triebe, die in der Natur liegen, und fast könnte man traurig und mutlos werden.

Aber haben wir die Natur nicht in vielen Dingen überwunden? Können wir nicht fliegen, zu den Sternen sehen und tief in die Erde oder in das Meer hinuntersteigen? Vielleicht wird einmal kein Haß mehr auf der Erde sein, und wenn man heute noch sagt, ohne Haß kann auch keine Liebe sein, daß das ein Naturgesetz war, das durch Liebe überwunden wurde.

Freilich, der Stier ist eben noch ein Rindvieh, und er würde es nie verstanden haben, wenn ich ihm Böses mit Gutem vergolten hätte. Und so sitze ich mit den anderen beim Feuer und warte, bis sein Fleisch recht knusprig ist.

Wir sitzen alle mit untergeschlagenen Beinen, und der Schein des Feuers beleuchtet die dunklen Gesichter der Männer.

Fast immer sind Menschen für ihr Gesicht verantwortlich. Die Gesichter dieser Männer, so scharf geschnitten, mit den rasch blickenden, dunklen Augen, den breiten Backenknochen und dem schwarzen, struppigen Haar, würden jedem Mitteleuropäer ein unbehagliches Gefühl einflößen. Und doch sind sie nicht unbedingt so, wie sie aussehen.

Eine kleine Geschichte hat es mir bewiesen.

Als Piccoli beim letzten Wurf acht Junge hatte, mußten einige davon getötet werden. Aber wer sollte das tun?

Nach der Reihe wurden diese finster und gefährlich aussehenden Männer gefragt. Aber jeder von ihnen kratzte sich verlegen hinter dem Ohr und sagte dann beschämt: »No, Señor!«

Elias hat es dann doch getan.

Er bringt uns täglich morgens die Milch. Einmal war sie dünn und bläulich. Don Otto machte darüber eine harmlose Bemerkung. Da zog Elias sein Messer und sprang ihn an. Zum Glück prallte die nach oben gerichtete Schneide an der Gürtelschnalle ab.

Elias, zur Besinnung gekommen, schämte sich sehr. Es wurde nichts über den Vorfall gesprochen.

Elias, Ulysses, Hippolyt, Urias, Gregorio, Ruben, was für schöne Namen sie haben!

Alle haben sie ihre großen, scharf geschliffenen, silberbeschlagenen Messer aus dem Gürtel genommen und warten auf das Fleisch.

Was für schöne Messer das sind!

Das Messer gehört zum Gaucho. Er liebt es und ist stolz darauf. Und wozu so ein Messer gut ist! Zum Schneiden des Sattelzeugs, zum Nägelputzen, zum Waldroden, zum Rasieren oder Zähnebohren, zum Bauchaufschlitzen und zum Öffnen von Liebesbriefen, wenn er sie selbst lesen kann.

Die meisten können weder schreiben noch lesen und machen einfach ein Kreuz unter den Arbeitsvertrag an Stelle ihres Namens.

Ein Feuer im Freien hat etwas Faszinierendes.

Die Flammen hüpfen und tanzen und bilden für Bruch-

teile von Sekunden sonderbare Gestalten, die über die Büsche und das Gras huschen.
Ruben steht als einziger. Sein Amt ist, den »Asado«, den Braten, zu machen.
Von Zeit zu Zeit dreht er den Braten, der auf einem Bambusstab aufgespießt ist, von der Glut weg oder zu ihr hin. Keiner kann es so gut wie er.
Er ist der Capataz, der Vorarbeiter von allen und der Geschickteste.
Ist der Braten fertig, gibt Ruben jedem ein Stück. Das Fett tropft von allen Seiten herab. Man nimmt das Fleisch in die linke Hand, beißt hinein und schneidet dann erst den Bissen mit dem Messer, das man in der Rechten hält, ab. Es sieht gefährlich aus. Der Braten schmeckt knusprig und saftig.
Ich esse noch ein Stück und noch eins, bis ich mir die Faja, den handgewebten Gürtel, der einige Male über die Reithose um den Leib geschlungen ist, lockern muß. Wenn man dann wirklich nicht mehr kann, dann kommt das, was ich am meisten liebe: der Maté.
Immer wieder ist es wie ein Ritus.
Der Trank geht stundenlang im Kreis herum.
Es ist unheimlich gemütlich, »gemietisch«, wie es im Spanischen als Fremdwort heißt.
Ein Maté ist wie eine Friedenspfeife und verbindet alle miteinander. Er ist etwas von den wenigen Dingen in Argentinien, die Tradition haben, und außerdem gesund. Der herbe Saft der Yerba saugt das Fett und die Gifte des Körpers auf und hinterläßt ein angenehmes und sauberes Gefühl.
Die Eingeborenen wissen schon immer, was sie tun. Ich esse und trinke alles das, was auch sie essen und trinken, und scheue vor nichts zurück.

Aufstieg

Schon in Berlin hatte ich mir vorgenommen, den Tronador, Argentiniens höchsten Berg, zu besteigen. Nie aber hätte ich gedacht, mit welchen Schwierigkeiten das verbunden sein würde.

Als ob das Schicksal etwas dagegen hätte, so war es. Viele Male hatte ich es schon versucht, wenigstens bis zum Fuß des Tronador zu gelangen, aber immer wieder mußte ich umkehren. Einmal blieb das Auto stecken, ein anderes Mal waren die Flüsse so hoch und reißend, daß man nicht durchreiten konnte, und dann wieder lag der Berg so im Nebel, daß ich trotz tagelangen Wartens umkehren mußte. Das letztemal war es Ruben, der es verhinderte. Er hatte plötzlich Angst um mich bekommen, war mir nachgeritten und gab an, der Patrón, sein Herr, sei schwer verunglückt, und ich müßte sofort auf die Insel zurück. Als ich dann nach einem Tag Rückreise wieder auf die Insel kam, war ich mehr als erstaunt, den Patrón frisch und munter anzutreffen.

Ruben wurde verlegen, sagte aber, finster mit den Augen rollend, ich habe auf diesem verfluchten Berg ohnedies nichts verloren.

Aus der Ferne höre ich das Krachen und Donnern des »Donnerers«, der im Berg eingeschlossen ist, seit Jahrhunderten, und ab und zu mit seinen Fäusten an die Mauern seines Gefängnisses trommelt.

Vielleicht aber sind es stürzende Lawinen, vielleicht das Grollen des Vulkans oder das Bersten der Gletscher?

Quién sabe?

Der Berg lockt mich, und sehnsüchtig schaue ich nach der dreizackigen Spitze, die man von der Insel aus sieht.

Mit Motorboot, Auto und Pferd ist es nun doch endlich, endlich gelungen. Wir stehen am Aufstieg.

Fünf Männer und ich als einzige Frau.

Fast immer ist es so, und eine Frau, die das »shocking« findet, tut wirklich besser daran, gar nicht erst in Südamerika zu reisen, denn dann müßte sie immer zu Hause bleiben oder im Luxushotel an der allgemeinen Touristenstraße.

Da hier alles viel naturnäher ist, spielt die Frau in Südamerika noch die Rolle eines Haustieres, manchmal die eines nützlichen, manchmal die eines Ziertierchens. Freilich gibt es Ausnahmen.

Aber kaum gibt es sportliche, noch weniger geistige Kameradschaft zwischen Mann und Frau.

Von dem Augenblick an, da die erste Verliebtheit aufhört, entfernen sie sich in Ideen und Interessen so weit voneinander, daß man gar nicht denken möchte, daß beide Wesen des gleichen Lebensraumes sind, daß jeder von ihnen doch auch zum großen Teil aus Zellen besteht, die sich in nichts von denen des Ehepartners unterscheiden. Daß also doch kein erklärlicher Grund vorhanden wäre, dem Leben so verschieden gegenüberzustehen, wie sie es tun.

Wie wir so durch den Wald über Baumstämme weg, durch Bäche und Sümpfe reiten, sehen wir sicher aus wie sechs Jungens, und sicher haben wir auch die Schönheit der Natur und die Freude am Leben ähnlich empfunden.

Jeder Schritt, der uns höher bringt, bringt unserem Auge neue Bergspitzen.

Der Osorno taucht auf mit seinen beschneiten, regelmäßigen Vulkankegeln, und in den Tälern sieht man die verschiedenfarbigen Seen.

Einige sind smaragdgrün, einige dunkelblau.
Der Tronador selbst ist etwa 3400 Meter hoch; am Fuße der letzten Spitze steht eine gegen Wind und Wetter schützende Hütte.
Der Platz war schwierig auszusuchen, denn die chilenische Grenze läuft den Gipfel entlang. Aber die Hütte mußte noch auf argentinischem Boden stehen.
Sie ist von dem argentinischen Club Andino erbaut. Es muß eine fürchterliche Arbeit gewesen sein, das Baumaterial ohne Bahn und ohne Straße hinaufzuschaffen. Auch die Organisation muß schwierig gewesen sein, denn die Menschen wohnen weit auseinander und haben keine Verständigungsmöglichkeit.
So hatte einer meiner Begleiter mit vieler Mühe einmal Eisenstäbe bis zur Hälfte des Berges gebracht. Dort legte er sie unter einen Felsen, um sie ein anderes Mal von dort auf die Höhe zu schleppen. Da kam ein anderer von der Hütte herunter, sah die Stäbe, dachte, sein Freund habe sie vergessen, und brachte sie wacker wieder nach stundenlangem Ritt und unter großen Mühen zurück.

Die Hütte finde ich in tadellosem Zustand und reichlich mit Proviant versehen vor.
Im Hüttenbuch, das hier aufliegt, stehen nur wenig Namen. Sport ist nicht volkstümlich in Südamerika. Die Landbevölkerung muß arbeiten und braucht keinen Sport, und die Städter, die aus der Ebene, wie etwa aus Buenos Aires, hierher in das argentinische Seengebiet reisen, halten sich viel lieber in dem neuerbauten Luxushotel Llao-Llao auf, um zu tanzen und zu flirten.
Ich möchte so gern die erste Frau sein, die auf die höchste Spitze des Tronador gestiegen ist.

Ich bitte so sehr, bis wir uns endlich anseilen, um es zu versuchen.
Bald aber sehe auch ich ein, daß es unmöglich ist. Wir sind dafür gar nicht ausgerüstet.
Wir haben nur Skischuhe ohne Nägel, und der Gletscher ist glatt wie ein Spiegel. Nicht einmal Eispickel haben wir mit.
Aber da ich so gebeten habe, will ich nun auch nicht die erste sein, die ängstlich wird.
Die Männer wiederum wollen sich nicht vor mir ängstlich zeigen. Und so gehen wir langsam Schritt für Schritt der Spitze entgegen.
Wir wissen genau: wenn hier einer ausgleitet, reißt er alle mit in den tiefen Abgrund.
Das gibt ein unangenehmes Gefühl in der Magengegend. Trotzdem müssen wir wegen der Gletscherspalten angeseilt bleiben.
Über unsere Köpfe fliegen Condore, die größten Geier der Welt.
Ihre roten, runzligen Hälse mit den weißen Krausen strecken sie gierig nach uns aus. Sie fliegen oft so tief, daß der Luftstoß ihres Flügelschlages mein Gesicht berührt.
Wie der Hauch des Todes ist es.
Sie wollen damit den Bergsteiger beunruhigen. Sie haben etwas Magisches in ihren runden Augen. In Farbe und Flug ist dieser schwarze Riesenvogel gegen den hellblauen Himmel und den weißen Gletscher so schön, daß man nicht wegschauen kann. Man muß ihn in seinen Sturzflügen und Bögen beobachten, bis man den Boden unter den Füßen verliert und in den Abgrund stürzt, wo man ihm zur willkommenen Beute wird.
Immer tiefer und tiefer fliegen sie.

Ich sehe ihre Augen auf mich gerichtet, und diese Augen sagen suggestiv: Stürz ab, stürz ab! Und wirklich, ich werde ganz unsicher, und plötzlich komme ich ins Gleiten, meine Füße verlieren den Boden.

Wie kurz kann oft ein glücklich erlebter Tag sein und wie lange oft ein Teilchen einer Sekunde!

Was man in einem solchen Sekündchen alles denken kann:

Wohin sause ich denn? Ich hätte doch nach Hause schreiben sollen! Meine Eltern werden erschrecken! Wenn es bloß schon zu Ende wäre!

Alle diese Gedanken sind nur begonnen, während ein anderer Teil meines Denkens und mein Körper nach irgendeiner Rettung suchen.

Jetzt finden meine Füße an einer vorstehenden Eisscholle Widerstand. Der Brocken hält, das Seil spannt sich, und der Plan der Condore ist vereitelt.

Als ich wieder oben bin, haben wir alle einen willkommenen Grund, umzukehren.

In dieser Nacht weiß ich genau, woher das Donnern des Tronador kommt: in dieser Nacht ist es das Schnarchen meiner Freunde.

Beim Einatmen ist es bei allen Menschen das gleiche gefährliche Grollen und Donnern. Nur beim Ausatmen hat jeder seine Individualität, die seiner Nation angepaßt ist.

Der Spanier säuselt sanft, der Argentinier atmet auf rrr aus, der Tiroler auf ch; während der Wiener auf alles pfeift, schnaubt der Berliner.

Der Wind rüttelt und heult um die Hütte, daß sie erzittert, als käme ein Erdbeben. Ein Fensterbalken kracht von Zeit zu Zeit gegen die Eisenbetonwand.

Wir liegen alle angezogen auf dem harten Boden, in kratzige Lodendecken eingehüllt, und trotzdem ist es um vieles gemütlicher als tief unten am schwarzen Gletscherfluß inmitten der Condore.
Der Gletscher selbst ist hier wirklich schwarz, denn er führt Erde mit. Auf ihr hat sich dichter Pflanzenwuchs entwickelt, und er trägt sogar einen Wald, der sich mit dem Fluß des Gletschers fortbewegt.
Eigentlich schäme ich mich, daß ich trotz meines männlichen Zellenanteils etwas so völlig Weibliches getan habe und durch meinen Ehrgeiz sechs Menschen fast ums Leben gebracht hätte.

Verzaubert

Gut, daß ich wieder auf der friedlichen Insel bin, auf der zeitlosen Insel.
Die Erfindungen der letzten Jahrhunderte sind hier spurlos vorübergegangen. Das Fortbewegungsmittel ist nach wie vor das Pferd, der Wärmespender das offene Feuer, und die Zeitung ist Ruben, wenn er aus dem Dorf zurückkommt.
Überall ist Frieden, Frieden.
Die oft über dreihundert Jahre alten Bäume atmen ihn aus; und wie ein warmer Wind streichelt dieser Friede mich, die ich im Krieg geboren bin.
Ich habe Angst vor dem Leben da draußen.
Nie wieder werde ich den Lärm in der Stadt ertragen können.
Mein Lieblingsplatz liegt in einem Myrtenwald.
Viele Rayanbäume – eine Myrtenart – stehen an einem Weiher. Einige haben sich tief heruntergeneigt und sehen sich im Spiegel des Wassers.
In der Krone eines Baumes sitze oder liege ich und schaue in den Himmel.
Wenn ich in den Wald eintrete, sage ich: »Mythli!« Das ist das Zauberwort, so wie »Sesam, öffne dich!« Dann klettere ich hinauf auf meinen Platz und erkenne alles, wie es ist.
Die schlanken, zimtbraunen Stämme des Rayan erkenne ich als nackte, braungebrannte Tänzer, die mitten in den tollsten Posen durch geheimnisvollen Zauber erstarrt sind.
Ihre Köpfe sind mit grünen Kränzen geschmückt, in denen Hunderttausende von weißen Blüten leuchten.

Wenn der Wind weht, dehnen sich ihre Körper sehnsüchtig und neigen sich zueinander, ineinander. Sie stöhnen und ächzen dabei.
Aber ich kann sie nicht erlösen.
Das Brüllen der Stiere erkenne ich als Geläut der Kirchenglocken einer versunkenen Stadt.
Auf den Maythen, feinblättrigen Bäumen, schlingen sich leuchtend rote Blütenbüschel, die Goyboe. Es sind verzauberte junge Mädchen, die auf ihren Liebsten warten. Er hat versprochen, sie zu holen, und nun sitzen sie geduldig auf den Bäumen und warten. Auch sie kann ich nicht wachküssen.
Plötzlich knackt und knistert es im Gebüsch.
Langsam, bei jedem Schritt Hals und Kopf mit den langen Ohren und den wunderschönen Augen vorschiebend, kommen die Huemule zur Tränke.
Tocotoco und Michimumu wissen längst, daß ich immer in der Baumkrone sitze; sie haben in Wirklichkeit keine Angst.
Aber sie zieren sich doch jedesmal eine Weile, ehe sie vor mir trinken.
Ich gehe auch immer darauf ein und gebe mich langsam zu erkennen.
»Aber Michimumu!« sage ich mit tiefer Stimme. »Das bin doch ich, erkennst du mich denn nicht?«
»Toco, Toco, Toco!«
Dann gehen sie langsam zum Wasser.
Natürlich weiß ich, daß auch sie nicht nur Huemul-Hirsche sind, sondern verzauberte Indianerprinzessinen, die auf ihren Prinzen warten, der sie erlösen soll. Sie bringen Glück, heißt es, und ich weiß, daß es wahr ist. Sie sind so schön, daß jeder, der sie sieht, durch den Anblick allein beglückt ist.

Nachdem sie getrunken haben, legen sie sich ins hohe Gras und sehen zu mir herauf und ich zu ihnen hinunter, und wir unterhalten uns herrlich.
Aber plötzlich richten sie sich auf, schauen eine Sekunde lang in eine Richtung, und mit ungeheuren Sprüngen, mit allen vier Beinchen zugleich sich vom Boden wegschnellend, sind sie im Dickicht verschwunden. Erst viel später höre ich Hufgetrappel.
Um wie vieles empfindlicher doch die Sinne der Tiere sind!
Aus dem Wald kommen zwanzig oder mehr halbwilde Pferde. Mit einem Ruck bleiben sie stehen, unbeweglich, plötzlich wie zu Stein erstarrt. Dann kommt der Hengst langsam vor.
Es ist alles so weit in Ordnung, sagt er zurück zu seiner Familie, und die anderen kommen nach.
Eine weiße Stute mit einem ganz kleinen Fohlen leuchtet besonders hervor. Das Fohlen kann noch gar nicht richtig gehen. Es staunt über die Welt und freut sich und springt um die Mutter herum und trinkt dann wieder.
Plötzlich findet es alles so herrlich, daß es mit lauter Stimme zu wiehern beginnt.
Aus vollem Halse lacht es so ansteckend, wie eben nur Kinder lachen können, und ich muß mitlachen.
Die Köpfe der Pferde fahren zu mir herum, sie erstarren wieder für eine Sekunde zu Marmor, drehen sich dann blitzartig um, daß Mähnen und Schweife im Winde wehen wie Schleier, und verschwinden im Galopp.
Weg sind sie, als ob sie nie dagewesen wären.
Vielleicht waren sie auch gar nicht da, vielleicht war es nur ein Spuk?
Hier ist alles verzaubert, auch ich selbst.

Aber ich möchte nicht erlöst werden. Denn vielleicht bin ich jetzt wirklich und war nur früher verzaubert, ehe ich diese Insel betrat.
Ich weiß es nicht.

Fieber

Nun bin ich schon lange krank.
Manchmal ist Kranksein ganz gesund. Die Krankheit löscht alle Probleme aus und als einzige große Sorge bleibt der Wunsch nach Gesundheit.
Dadurch erkennt man, daß die anderen Sorgen gar nicht in der Bedeutung vorhanden waren, die man ihnen beigemessen hatte.
Das beste Mittel gegen Probleme sind neue und größere Probleme. Spielend löst man dann die vorhergehenden und lacht fast über sie.
Beruflicher Mißerfolg wird unwichtig, wenn man vor einer Operation steht. Der Schrecken einer Operation schwindet, wenn man sich dadurch am Leben erhalten kann.
Aber alles das wird klein und nichtig neben den Schrekken eines Krieges, und der Krieg selbst verlöre an Bedeutung, wenn ein Erdbeben über die Kontinente käme oder eine Sintflut.
Sicher habe ich hohes Fieber, aber es ist schön, es macht mich friedlich und harmonisch.
Es ist niemand da. Alle sind im Wald und arbeiten. Es ist sehr heiß, meine Schläfen stechen.
Aus der Ferne höre ich das Aufschlagen der Äxte. Ich stelle mir vor, wie die Axt, wenn ich sie sehen könnte, immer etwas früher aufschlagen würde, als der Ton zu mir kommt. Ganz asynchron, heißt es in der Filmsprache. Von irgendwoher kommt dieses Wort geflogen, über den Ozean.
Von meinem Bett aus sehe ich über den See. Ich sehe die Sonne aufgehen, aber erst kommt die Venus, die Kraus-

köpfige oder Lockenhaarige, wie sie von den Indianern genannt wird.
Da sie selbst straffes Haar haben, ist es für sie der schönste Beiname.
Auf dem seidigen, fast weißen Himmel glänzt und funkelt sie und freut sich ihrer kurzen Alleinherrschaft. Dann kommt die Sonne und saugt sie auf. Die beiden Dämmerstunden sind mir die liebsten: die morgendliche Frische und die abendliche Müde, die »blaue Stunde«. Sie sind ähnlich wie daheim in Mitteleuropa.
Die Argentinier nennen das Gebiet hier die südamerikanische Schweiz, den Paraná den südamerikanischen Rhein.
Schade, daß man nicht von Zeit zu Zeit seinen Kopf ausräumen und alle Eindrücke wegwerfen kann, um alles neu auf sich zukommen zu lassen.
Schade, daß man immer vergleichen, immer sagen muß: »Das ist so wie ...«
Die Ähnlichkeiten sind ja nur äußerlich, im Grunde ist doch alles verschieden.
Die Nächte sind jetzt warm hier, denn es ist Hochsommer, und die Sterne funkeln und leuchten in der klaren Luft.
Von meinem Bett aus sehe ich das Kreuz des Südens. Ich habe es gern.
Warum eigentlich die meisten Menschen enttäuscht sind, wenn sie es zum ersten Male sehen?
Man kann sich doch nichts anderes darunter vorstellen als ein Sternbild in Kreuzform, und das ist es eben auch.
Die Arme habe ich unter dem Kopf verschränkt und schaue in die ungeheure Kuppel.
Den Sirius, den größten Fixstern in unserem Milchstraßensystem, den Fomalhaut, das Bild des Skorpions und

das Bild des Orion mit dem Beteigeuze, alle begrüße ich jeden Abend aufs neue.
Auch jetzt, von meinem Bett aus, sehe ich meine hohen Freunde, und immer wieder sind es zweierlei Gefühle, die mich dabei befallen.
Wenn ich schaue, wie ein Kind schaut, und mich am Funkeln und Glitzern der Millionen Lichterchen erfreue, denke ich, es sei eine dunkelblaue Samtdecke, durchlöchert wie ein Sieb, und dahinter leuchtendes Gold. Und ich denke mir, ich möchte den Mond umdrehen, um auch einmal seine Rückseite zu sehen.
Dann dehne ich mich vor Freude und fühle mich stark und glücklich und als Mittelpunkt aller Dinge. Oft aber denke ich an Fixsterne, Planeten, Lichtjahre. Die Gesamtheit zerfällt mir dann in Einzelheiten, ich denke an die ungeheuren Zahlen, an die unvorstellbaren Ewigkeiten, die überall um uns sind, und an die Nichtigkeit und Kürze eines kleinen Erdenlebens.
Die Stiere brüllen durch die Nacht, die Hirsche orgeln in langgezogenen Tönen, ab und zu knarrt ein Ast.
Manchmal sehe ich nachts das Licht des Bootes näher und näher kommen. Ich sehe es in den Wellen verschwinden und wieder auftauchen.
Ich kenne dieses sonderbare Licht schon.
Es ist kein Boot aus dem Dorf. Von dort kommt nur einmal in der Woche ein Boot, die Lancha, um Post und Essen zu bringen.
Dieses Licht hier ist aber ein anderes.
Langsam und unaufhaltsam kommt es näher, und nie kann ich den Blick wegwenden. Ich warte dann auf das Knirschen des Sandes, wenn das Boot heraufgezogen wird.
All das kenne ich schon.

Plötzlich steht jemand am Fenster. Ich kann nicht sehen, wie er aussieht. Ich fühle nur, daß er da ist, und er nickt mit dem Kopf im gleichen Takt, wie mein Herz schlägt. Er tut mir nichts, er ist bloß da. Aber ich könnte ihn nicht ansprechen.

All das fühle ich.

Plötzlich ist er dann wieder weg.

Ich höre wieder das Knirschen des Sandes, sehe das Licht aufleuchten, aber nur kurz. Dann ist es auch verschwunden.

Frau Ruben kennt ihn auch, den Besucher.

Sie sagt, er sei ein araukanischer Krieger und habe seine Frau aus Eifersucht getötet. Die Leiche wollte er in den See versenken, aber es war stürmisch, das Boot kippte, und er ertrank.

»Jeder Mensch hat zwei Körper«, sagt Frau Ruben. »Einen wirklichen und einen, den man nicht sieht. Wenn der Mensch noch jung ist und eines gewaltsamen Todes stirbt, ist nur der wirkliche Körper tot; der andere aber ist noch zu jung und kann keine Ruhe finden. So ist es, und wir alle wissen, daß es so ist.«

Sie sagt das so ruhig, als wäre es das selbstverständlichste Ding der Welt.

Auch ich fürchte mich nicht davor.

Ritt durch den Wald

Nun bin ich wieder gesund.
Ich reite mit meinem Freund Ruben, die Schwäne zu füttern.
Es sind große Schwäne mit langen, schwarzen Hälsen und roten Schnäbeln, die in einem kleinen See mitten im Wald untergebracht sind; im Nahuel Huapi selbst kann man sie nicht halten. Das Wasser ist dort zu kalt, es hat im Sommer und Winter nur drei bis vier Grad Celsius, und zudem ist der See vollkommen fischarm.
Sein Wasser ist fast ein reines H_2O, ohne mineralische Beimischung.
Ruben reitet immer voran, das Gewehr auf dem linken Schenkel aufgestützt. Immer, wenn er mit mir reitet, reitet er »Compadre«, dann komme ich auf der Stute, dann Adda und Bambi, der Damhirsch, hintendrein.
Ruben hat mich hier reiten gelehrt.
Ich sagte zwar voll Stolz, ich könne schon reiten, weil ich in Berlin ein paar Stunden genommen hatte. Ich wußte auch den Satz des Berliner Reitlehrers noch: »Der Kopf hat der höchste und die Ferse der tiefste Punkt zu sein.«
Ich wußte es, aber das Pferd wußte nicht, daß ich es wußte. Denn plötzlich war es umgekehrt.
Die Ferse war der höchste und der Kopf der tiefste Punkt.
Leider!
Ruben, der auf dem Pferd sitzt, als wäre er dort angewachsen, zeigt es mir immer wieder; finster und gefährlich die Augen rollend, aber doch voll Geduld und Angst, daß ich mir weh tun könnte.

Das Reiten ist hier ganz anders, viel natürlicher, selbstverständlicher und wilder. »Zu Fuß gehen nur die Gringos und die Hunde!« sagt die argentinische Bevölkerung, und sie sehen jeden Fußgänger mitleidig und von oben herab an.
Nun sagt Ruben manchmal, wenn er gut aufgelegt ist, daß ich fast schon wie eine Gaucha reite.
Das ist das höchste Lob, und ich freue mich, obwohl ich weiß, daß es nicht wahr ist.
Ich kann schon richtig aufspringen und ohne Sattel reiten. Aber die Mädchen hier können sogar ohne Sattel im Damensitz reiten. Wie sie es machen, weiß ich nicht. Ich glaube, sie müssen guten Klebstoff hinten dran haben.
Der Gaucho liebt sein Pferd über alles, und wo er es im Wald anbindet und sein Feuer anzündet, da ist seine Heimat.
Auch ist es für ihn bei den weiten Entfernungen lebensnotwendig, und er hat schon dadurch eine andere Beziehung zu seinem Pferd als wir, die wir es größtenteils nur benützen, um uns Bewegung zu machen, welchen Zweck ein Zanderapparat schließlich auch erfüllt.
Niemals oder sehr ungern reitet der Gaucho eine Stute.
Er würde von seinen Freunden ausgelacht werden.

Zur Fütterung der Schwäne reiten wir jedesmal etwa drei Stunden. Die Schwäne bekommen aus dem Sack hartes Brot zugeworfen.
Dann reiten wir wieder zurück.
Oft muß das Pferd über hohe Baumstämme weg springen, so daß Bambi und Adda gar nicht so recht nachkommen. Oft aber muß man sich ganz flach an den Hals des Pferdes drücken, um durch das Gewirr der Lianen und des Dickichts durchzuschlüpfen.

Wie sonderbar, daß die Natur für die Menschenhaare hier nur dunkle Farben hat, während sie für Blumen und Pflanzen blond bevorzugt.

Leuchtend gelbe Lilien stehen zu Hunderten am Waldesrand, und orangefarbene Sterne ranken sich in das Geäst der Bäume. Sogar unser Veilchen ist hier gelb. Gelber Löwenzahn übersät die Wiesen, und gelbgrüne Orchideen findet man an den feuchten Stellen.

So groß und mächtig die Natur ist, die Anden und der See und die riesenhaften Bäume, so klein und schüchtern sind die Blumen.

Zum dritten Male erlebe ich in diesem Jahr das Erwachen des Frühlings. Ich reise mit dem Frühling.

Ich erlebe viele Jahre in diesem einen Jahr.

In Deutschland war es ein zartes und sehnsuchtsvolles Erwachen.

In Brasilien ist der Frühling ein wildes Aufreißen der Erde; heiß und wild überschüttet er alles mit Farbe, Blumen und Früchten. Kein Frühling in unserem Sinne. Plötzlich kommt er, so wie die Nacht auch ohne Dämmerung kommt.

Und hier?

Hier ist beides vereint. Zart und sehnsuchtsvoll duften die Blumen. Wild braust und peitscht der Wind den See hoch, daß die Wellen Bootsstege und Zäune wegreißen und wochenlang kein Motorboot aus dem Dorf herüberkommen kann.

Die Baumriesen knickt er um wie Hölzchen, und unsere Feuer, an denen wir das Holz aus dem gerodeten Urwald und die Wurzeln verbrennen, faucht er an, daß die Funken fliegen und wir nächtelang mit Eimer voll Wasser wachen müssen, um ein Unglück zu verhüten.

Nachts wird es kalt.

Tagsüber ist es oft glühend heiß. Deshalb wagen sich die Blüten, die Lieblichkeit der Natur, nur so schüchtern heraus.
Es ist kein Platz für Lieblichkeit.
Ernst und herb ist die Natur, und so färbt sie auch die Menschen. Sie lachen fast nie, sie singen kaum, und sie sprechen wenig. Ernst und wortlos, mit unbeweglichen Gesichtern, verrichten sie ihre Arbeit.

Heilige Nacht

Heute ist Weihnachten.
Aber es ist keine Weihnachtsstimmung. Es ist heiß. Ich kann es mir nicht vorstellen, daß die Leute auf der anderen Seite unseres Fahrzeugs, mit dem wir durch das Weltall sausen, jetzt mit tausend Päckchen und Paketchen durch die Straßen eilen, nachdenkend, ob sie auch für Mizzi, Hannelore, Onkel Fritz und Großmama alles besorgt haben.
Abends zünden wir die Lichter eines Bäumchens an.
Eine kleine, künstlich gezüchtete Tanne ist es. Denn hier gibt es keine Tannen.
Die Lichter spiegeln sich weit in den See hinein. Ich fahre mit einem kleinen Faltboot davor auf und ab, sehe die Sterne glitzern, aber nicht ein einziger ist dabei, den vielleicht auch mit mir zugleich meine Mutter zu Hause hätte sehen können. Schade.
Auch ist es dort jetzt Tag und die Feier längst vorbei.
Ja, ich bin weit weg.
Ich seh den Lichterbaum funkeln und singe »Stille Nacht, heilige Nacht.«
Immer haben wir zu Hause, meine beiden Schwestern und ich, dreistimmig gesungen.
Oft haben wir zu hoch angefangen, und bei der »himmlischen Ruh« konnte ich dann nicht noch höher hinaufklettern.
Da mußten wir alle lachen.
Und ich merke, daß ich nun schon eine ganze Weile weine.
Ich hole ein paarmal ganz tief Atem. Was ist das für ein Unsinn?

Zu Hause habe ich immer Fernweh, und jetzt, da ich in der Ferne bin, habe ich mit einem Male Heimweh?
Ich mache ein paar kräftige Ruderschläge.
Da höre ich dumpf den Ruf: »Patrón!« und wieder und lauter noch einmal: »Patrón!«
Es muß etwas geschehen sein.
Oben im Hause höre ich Türen öffnen und sehe Lichter im Wald verschwinden. Schnell bringe ich das Boot an den Strand und laufe den Lichtern nach.
Da sehe ich sie alle beisammen knien. Ich laufe hin.
Mein Gott, warum mußte das geschehen?
Ruben liegt da, sein Bauch ist aufgerissen, daß die Gedärme herausquellen.
Mein lieber Ruben.
Er lebt, aber es ist keine Rettung für ihn.
Ein Stier hat ihn soeben angefallen, mit den Hörnern aufgespießt und so zugerichtet. Wir binden ihm mit seiner Faja den Bauch etwas zu und bringen ihn hinunter ins Knechtehaus. Dort bekommt er eine schmerzstillende Spritze. Er blickt ganz ruhig und lächelt dabei.
Hier sehe ich ihn zum ersten Male lächeln.
»Es ist schade um die Spritze«, sagt er. »Ich sterbe ja doch, ich habe sehr Schmerzen.«
Er macht die Augen zu, aber sein Mund lächelt weiter.
Auch seine Frau ist merkwürdig gefaßt.
Die Menschen hier arbeiten, um einmal ein schönes Grab zu haben. Und wenn sie es geschafft haben, gibt es ihnen diese Ruhe in der Sterbestunde.
Die Frau steht bei ihm aufrecht mit unbewegtem Gesicht.
Zu jeder Seite des Kopfes hat sie ihm Kerzen aus dem Weihnachtsbaum hingestellt und angezündet. Gegen Morgen ist er gestorben.

Abschied vom Paradies

Seit Ruben tot ist, will ich nicht mehr auf der Insel bleiben.

Wenn ich durch den Wald reite, reitet er plötzlich vor mir. Ich sehe seinen großen Hut, das Halstuch, das nach echter Gauchoart hinten geknüpft ist, seine Pompachas und die schwarzen Alpartagos, Stoffschuhe, die er trug, um die Stiefel zu schonen.

Die Sonne scheint hell und freundlich, und vor mir reitet ein Toter.

Manchmal habe ich seltsame Gedanken. Viele Menschen hier unten werden verrückt und fangen an, mit offenen Augen zu träumen.

Eine schwere Traurigkeit drückt mich oft, daß ich denke, nicht mehr leben zu können. Ich fühle mich plötzlich einsam, und die Stille beginnt mich zu töten.

Ich weiß, es ist nur ein Übergang, und wenn ich ihn überwinden könnte, würde ich vielleicht immer hier bleiben wollen.

Aber es sind plötzlich Gedanken und Ideen wieder aufgetaucht, die ich längst in den See versenkt zu haben dachte.

Plötzlich beim Auskehren des Zimmers morgens habe ich Sehnsucht nach einem Konzert. Auf den Besen gestützt, sehe ich gut angezogene Menschen in den Saal strömen, rieche das Parfüm der Damen, höre das Stimmen der Instrumente und das erwartungsvolle Murmeln der Menschen, fühle die Spannung aller und halte den Atem an, um bereit zu sein für die Wellen der ersten Akkorde.

Ein Chucao lacht aus dem Gebüsch.

Das sind ja auch Töne. Aber nein, nein, ich kann nicht mehr hierbleiben.
Ich weiß es, es ist ein Paradies hier, und in meinem Herzen sind viele Schlangen, die mich daraus vertreiben wollen.
Vielleicht sind es keine bösen, vielleicht sind es gute Schlangen und wollen nur mein Bestes.
»Du bist noch zu jung, um ewig auf einer einsamen Insel zu bleiben. Das ist doch feige, dem Leben so auszuweichen«, zischeln sie, und ich horche genau, was sie sagen, und ich finde es plötzlich richtig.
Der Maté schmeckt mir nicht mehr.
Alles, was ich hier lieb hatte, kann ich nicht mehr ertragen.
Sogar die Stille bedrückt mich, erdrückt mich.
Fortwährend höre ich Menschenstimmen, Pferdegetrappel, aber niemand ist da.
Ich höre den Motor einer Lancha; aber weit und breit ist keine zu sehen.
»Lancha-krank« nennen das die Leute auf der Insel, und sie haben es alle mitgemacht.
Ich muß wegfahren.
Noch ein letztes Mal besuche ich alle Plätze, die mir so lange lieb waren. Noch ein letztes Mal springe ich in den kalten See und komme krebsrot heraus.
Die Abudardas, Wildenten, die hier gezähmt wurden, fliegen über meinem Kopf, Michimumu und Adda laufen traurig neben mir. Sie fühlen den nahen Abschied. Piccoli und Teifi springen manchmal vor uns, manchmal hinter uns, und als Abschluß trabt ein kleines wildes Stierkalb, das wir im Wald gefunden und das ich mit der Flasche aufgezogen hatte. Alle habe ich sie lieb wie meine Kinder.

Und wieder hängt mein Herz fest an ihnen.

Ein stetes Abschiednehmen ist das Leben, und immer tut es weh.

Ich hatte eine Form meines Lebens gesprengt und dachte, nun die endgültige gefunden zu haben. Das war ein Irrtum. Denn es gibt keine endgültige Form. Das Leben ist nur beständig in einem: es ist ein beständiger Abschied.

Buenos Aires

Staub, Staub.
So plötzlich wie die Anden aufgetaucht sind, sind sie auch wieder verschwunden.
Erst versinkt die Insel und dann der Tronador.
Wie sonderbar war das alles! Wie kam es eigentlich, daß ich statt vierzehn Tage ein halbes Jahr auf dieser Insel geblieben bin?
Wie war das alles nur gekommen?
Wie ein Traum liegt die Insel hinter mir.
Sie hatte mich einfach nicht losgelassen. Sie hatte mich mit einer seltsamen Magie festgehalten.

Ist Rio de Janeiro nicht die Bucht des Januar-Flusses, so ist Buenos Aires schon gar nicht die Stadt der guten Lüfte. Ich beginne schon am Bahnhof zu röcheln.
Der heiße, feuchte Dampf, mit Staub vermengt, liegt schwer und drückend auf den Lungen.
Kein Träger will meinen Koffer zur Kraftdroschke tragen.
Alle laufen an mir vorbei und schütteln den Kopf, wenn ich sie bitte, meinen Koffer zu nehmen.
Endlich erbarmt sich dann doch einer und trägt ihn hinüber.
Der Träger bekommt nämlich für das Stück bezahlt. Und da ich nur einen und noch dazu schweren Koffer habe, lohnt sich die Sache für ihn nicht.

Bin ich nach Rio de Janeiro zu spät gekommen, so nach Buenos Aires sicherlich zu früh.
Ich habe den Eindruck, als ob die Stadt noch nicht fer-

tig sei. Neben den riesenhaften, luxuriösen Wolkenkratzern stehen kleine, verfallene Baracken.
Ich fahre in eine kleine Pension. Hier sehe ich mich nach langer Zeit wieder einmal im Spiegel. Ich bin entsetzt über mich. Die Haare, die mir Ruben immer bearbeitet hatte, sind ganz verschnitten, ich bin ganz braun gebrannt und komme mir scheußlich ungepflegt vor.
Sofort muß ich zum Friseur.
Auf der Straße ertappe ich mich, daß ich stehenbleibe, den Leuten nachsehe und lache.
Regine aus Gottfried Kellers Novelle bin ich wieder.
Es ist wirklich alles zu komisch. Die Hüte der Frauen sind ja kaum glaublich. Sie sehen alle wie Clowns aus. Auch so angestrichen! Gar nicht mehr menschenähnlich!
Und wie sie gehen! So unnatürlich.
Als wieder so eine komische Carmen an mir vorbeigeht, gebe ich ihr mit dem Knie von hinten einen kleinen Schups. Sie stolpert ein bißchen, dreht sich empört um. »Sinverguenza!« »Unverschämtheit!«, sagt sie und sieht dabei böse, aber doch wenigstens wie ein Mensch aus.
Ich bin wirklich etwas verwildert.
Und die Männer erst! Alle haben sie kleine Bärtchen und sehen bleich und verraucht aus. Beim Vorübergehen sehen sie einem tief und sehnsuchtsvoll schmachtend in die Augen. Sie denken sich nichts dabei. Sie tun es automatisch.
Es ist auch etwas Selbstverständliches, daß Männer den Frauen einen »Piropo«, ein Kompliment auf der Straße zurufen. Die Frauen hören es gern. Sie ziehen sich schick an und gehen mit der obligaten Freundin um sechs Uhr auf den Bummel.
Hier, auf der Avenida de Mayo, stolzieren sie dann un-

nahbar und kühl einher, spitzen aber doch rechts und links die Ohren und weinen, wenn Männer nichts sagen. Wehe, wenn sie kein »Ojos lindos«, »schöne Augen«, oder »lindissima«, »Allerschönste«, hören! Dann gehen sie weinend nach Hause, werfen den Hut in die Ecke und schwören, ihn nie wieder aufsetzen zu wollen.

Mit einer Dame in Buenos Aires spreche ich, die direkt aus Deutschland kam. »Oh, es ist herrlich dort. Bloß die Männer sind so unhöflich!«

Sofort fühle ich mich persönlich angegriffen und beleidigt.

»Wie können Sie das sagen? Woran haben Sie das gemerkt?«

»Ach«, erwidert sie, »die deutschen Männer sagen den Frauen keine Komplimente auf der Straße.«

Ich bin erleichtert.

»Ach ja, das ist nun mal bei uns nicht Sitte«, meine ich.

Es gibt viel Gutes über Buenos Aires zu sagen, zum Beispiel, daß man für achtzig Centavos ganz fabelhaft essen kann.

In einer kleinen Arbeiterkneipe am Hafen aß ich einmal dafür folgende Speisen: Suppe, Vorspeisen, bestehend aus Wurstblättern, das Nationalgericht, einen Eintopf aus Rindfleisch, süßen Kartoffeln und Kohl, Beef mit Kartoffeln, Käse mit Dulce (eine Art Quittenkäse), Früchte und Kaffee, und das alles für ungefähr achtzig Pfennig. Alles ist gut zubereitet, und oft bekommt man auch noch den Wein dazu.

Es gibt hierzulande soviel Wein, daß in Mendoza Millionen von Litern weggeschüttet werden, weil man nicht das nötige Gebinde dazu hat und nicht weiß, was man damit anfangen soll.

Buenos Aires, der Kopf von Südamerika, ist eine der modernsten, schnellebigsten und schicksten Städte, die ich je gesehen habe. Zum Beispiel gibt es Schnellwäschereien. Man wird in eine kleine Kabine geführt, zieht sein Kleid oder seinen Anzug aus, hängt ihn vor die Tür, liest ein paar Zeitungen, und nach wenigen Minuten kommt das Kleidungsstück frisch gereinigt und geplättet zurück.

Das ganze Vergnügen kostet nur ein paar Centavos. Ebenso kann man es mit den Hüten machen.

Die Verkehrsmittel sind großartig. Die modernsten Untergrundbahnen – die erste wurde in Berlin hergestellt – rasen unter der Stadt hin und her, und eine riesenhafte Garage ist unterirdisch eingebaut. Kleine Collectivos, Autobusse, fahren, wohin man will. An jeder Ecke halten sie.

Ein Häuserblock besteht aus je hundert Häusern. An jeder Ecke eines solchen »Cuadre« ist eine Haltestelle.

Ein Cuadre ist ein Längenmaß geworden. Auch außerhalb der Stadt sagt man in Buenos Aires etwa: Da ist's noch fünf Cuadre bis dorthin, und das heißt noch fünfmal die Frontlänge eines solchen Häuserblocks.

Phantastische Kinopaläste gibt es hier, riesenhafte Palazzos, mit großen Fassaden ausstaffiert.

Überall sind Säulen und Säulchen, Lampen und Lämpchen, Blumen und Blümchen.

Die hat der Einwohner von Buenos Aires gern.

Wenn er eine echte Blume sieht, dann staunt er wie ein Kind und ruft voll Bewunderung: »Wie schön, fast wie künstlich!«

In jedem Kinoprogramm kann man drei Großfilme sehen. Man will hier viel haben für sein Geld. Es kommt nicht so sehr auf die Qualität als vielmehr auf die

Quantität an, auf das Vielerlei, ebenso wie beim Essen. Um sieben Uhr abends ist die schicke Vorstellung. Und wer etwas auf sich hält, geht um diese Zeit ins Kino. Das ist ein ungeschriebenes Gesetz der Societá.

An einem Tag besuche ich zwei recht verschiedene Lokale, nämlich ein »Frigorifico«, ein argentinisches Schlacht- und Kühlhaus, und die Colonne-Oper.

Im Frigorifico Lanegre werde ich von drei Tierärzten geführt, die mir alles erklären.

Wir haben Mäntel über die Kleider gezogen und Kappen aufgesetzt, weil das Blut so spritzt.

Es werden am Tag etwa 1500 bis 2000 Stück Rindvieh, 200 Schweine und 3000 Lämmer geschlachtet.

In der Schlachthalle ist es ganz still. Nur in regelmäßigen Abständen hört man einen Hammer niedersausen, und das klingt wie das Stempeln an einem Postschalter. Obwohl man im Blut watet, hat das Ganze etwas sachlich Trockenes, und man vergißt in diesem Riesenbetrieb das Schicksal des einzelnen Wesens.

Draußen im Hof brüllen die Tiere noch, laufen aufgeregt durcheinander, wollen sich noch retten. Aber Reiter treiben sie in einen schmalen Gang, so daß nur eines hinter dem anderen stehen kann. So schieben sie sich dem Beil des Henkers entgegen.

Hier in diesem Gang sind sie plötzlich ganz still. Verstummt. Sie wittern das Blut und wissen genau, welches Schicksal ihrer harrt. Eine kalte Angst ist in ihren Augen zu lesen.

Da fällt auch schon das Beil und trifft mit absolut tödlicher Sicherheit.

Das Tier sackt in sich zusammen, ohne einen Laut von sich zu geben. Eine Schiebetür öffnet sich, es fällt hinaus, kraftlos mit gebrochenen Augen. Nun geht es automa-

tisch den Weg allen Fleisches in diesem Haus, den Weg zur Konserve.
Vom Boden wird das Rind kraft eines Hebels auf ein laufendes Band hochgehoben. Ein Mann, selbst schon ein Automat, steht gelangweilt da und sticht in gleichmäßigen Zeitabschnitten die Schlagader durch.
Würde hier irgendeine Hemmung am laufenden Band entstehen, so daß gerade kein Rind käme, ich bin sicher, daß dieser Mann in die Luft stechen würde.
Der nächste am Band macht einen Schnitt von oben bis unten den ganzen Bauch entlang.
Der dritte nimmt, wenn es eine trächtige Kuh war, den Embryo heraus und wirft ihn auf einen Haufen, wo schon viele dieser ungelebten Wesen liegen.
Ich begleite meinen Ochsen bis zur Wurstabteilung. Aus einem Rind kann man hundertfünfzig verschiedene Produkte machen.
Einige hübsche junge Mädchen mit roten Fingernägeln, onduliertem Haar und hohen Stöckelschuhen stehen da mitten im Blut und Gestank und säubern die Gedärme. Da gehört schon allerhand Humor dazu, sich für diese scheußliche Arbeit so hübsch zu machen.
In Lanegre sind 2000 Leute beschäftigt. Ein Rind kostet den Betrieb etwa 100 Mark.
Die Ärzte führen mich auch in eine Gefrierkammer. Ich frage, ob es wahr sei, daß ein deutscher Tierarzt erst kürzlich entdeckt habe, daß die Trichinen durch Gefrieren des Fleisches keineswegs getötet werden. Und ob es richtig sei, daß man ihn – da es eine recht unbequeme Entdeckung war – daraufhin fristlos entlassen habe. Die beiden lächeln. »Kann schon sein«, sagen sie.
Und abends gehe ich in die Colonne-Oper. Sie ist weltberühmt.

Eben gastieren mit großem Erfolg deutsche Sänger. Sie sagen mir, daß sie wegen der guten Akustik besonders gern hier singen.
Heute findet die Generalprobe zu Bachs Johannes-Passion statt, die ich mir anhören kann. Fast allein sitze ich in dem großen Zuschauerraum, die Sänger auf der Bühne sehen ganz winzig aus, so weit sind sie von mir weg. Aber da kommt der helle Tenor des Johannes, dringt in mich ein und erfüllt das ganze Haus. Dieses große, leere Haus ist plötzlich eine Kirche, und ich falte die Hände. Nie hätte diese Reinheit und Gläubigkeit in Europa so auf mich wirken können. Aber hier, mitten in dem Steinmeer, mitten in Argentinien, blüht plötzlich eine Blume auf.
Die Menschen sind hier auch fromm, aber anders als wir. Mit rührender Kindlichkeit zahlen sie der Kirche viel Geld, um einen guten Platz im Himmel zu kaufen, oder stellen Abgesandten der Kirche Badewannen aus Gold zur Verfügung.
Aber die Einfalt des Herzens fehlt.
Es spricht aber für diese Menschen, daß sie alle in die Johannes-Passion wallfahrten. Ich bin sicher, daß etwas von dem stillen Glanz auch an ihnen hängenbleiben wird.
Es ist eine Mission, die die deutschen Künstler dort erfüllen.

Obwohl die Frauen in Südamerika in Kleidung und Frisur alles der Europäerin nachahmen, so fühlen sie doch selbst, daß sie sonst noch Jahrzehnte zurück sind.
Wenn wir Europäer oft sagen, der Fortschritt habe die Frau bei uns um vieles gebracht und die Selbständigkeit der Frau das Zusammensein zwischen Mann und Frau

entzaubert, so habe ich das nicht bestätigt gefunden. Es muß ein fauler Zauber sein, der nur durch die Beschränktheit des einen Teiles gedeihen kann.
Zwar glaube ich auch nicht an die Gleichheit der Partner. Gewiß ist es für die Frau dann am schönsten, wenn sie sich dem Manne unterordnet, weil sie das Gefühl hat, daß er ihr charakterlich und geistig überlegen ist, und weil sie ihn von ganzem Herzen bewundern kann.
Aber zum Unterordnen gehört eine Größe, und ich habe stets bemerkt, daß die dümmsten und ungebildetsten Frauen die größten Ansprüche stellen, diejenigen, die nicht wissen, wie schwer der Kampf um das Leben ist.
Die Frau hier aus bürgerlichem Haus darf vieles nicht. Sie darf nicht allein auf der Straße gehen, sie darf nicht allein reisen und sieht der Europäerin mit ihren großen, sehnsuchtsvollen Wolkenkuckucksaugen nach.
Sie darf keinen Beruf haben, sie darf nicht ohne Hut und Handschuhe auf der Straße gehen, sie darf kein Café oder Restaurant betreten, sie darf mit keinem Mann lachen, plaudern, tanzen oder gar ins Kino gehen, es sei denn der Zukünftige, und sie muß jeden Sonntag zur Kirche und zur Beichte gehen, dort darf sie aber keinen Hut aufhaben, sondern nur einen schwarzen Schleier.
Schon als kleinem Mädchen wird ihr eine Zwangsjacke angezogen und man drängt sie schon von Anfang an in eine vorbestimmte Straße. So wie es auch bei uns früher war. Oft habe ich gesehen, daß schon dem dreijährigen Kind Fuß- und Fingernägel rot lackiert, manchmal sogar die Haare gefärbt und die Backen geschminkt werden. Die Frauen verwöhnen und verziehen es, schmeicheln dem Kind, und die ganze Familie betet diese tausendste Auflage von Shirley Temple an.

Das Schulmädchen hat die netteste Zeit.
Alle Schulmädchen tragen in Südamerika weiße Kleiderschürzen. Da gibt es keinen sozialen Unterschied. Da sind sie noch lustig und natürlich und so, wie eben junge Mädchen sind.
Kaum aber bemerkt die Mama, daß ihre Tochter weiblich zu werden beginnt, wird sie auf den Mann dressiert. So ist es ja wohl auf der ganzen Welt, aber hier empfinde ich es besonders deutlich. Die ganze Familie spart dann zusammen, und sie wird wieder groß auffrisiert, onduliert und lackiert, und es wird solange geangelt, bis ein Jüngling ein paarmal mit ihr tanzt oder sich mit ihr zeigt.
Dann wird er aber auch schon festgehalten.
Er muß sie dann einfach heiraten. Sonst kann ihn die Familie verklagen, um die Stellung bringen und weiß Gott, was noch alles.
Ist sie endlich verheiratet, dann ist der Höhepunkt des Lebens erreicht, und alles atmet erleichtert auf. Die meisten jungen Frauen beginnen nun, es sich recht gemütlich zu machen. Sie essen, was das Zeug hält, machen fast keine Bewegung mehr, werden daher dick und laufen den ganzen Tag über mit Lockenwickeln und im Schlafrock umher. Sie ruhen sich auf ihren Lorbeeren gründlich aus.
Mit Freude habe ich große, neue Sportklubs gesehen. Sicher wird alles besser werden, wenn der Sport einen neuen Zug in die ganze Sache bringt. Es ist so sonderbar, daß eine Stadt, die die modernsten Bahnen, die höchsten Häuser, die schnellsten Autos, kurz das Beste und Neueste der Welt hat, von Menschen bewohnt wird, die innerlich nicht so ganz mitgekommen sind.
Es ging einfach zu schnell.

Die Südamerikaner sind vom Pferd direkt ins Flugzeug gestiegen. Sie hatten noch keine Zeit, sich anzupassen. Aber es ist ja etwas Schönes, jung zu sein.

In einem Filmatelier melde ich mich als Journalistin an und bitte, etwas zusehen zu dürfen.

Es wird gerade ein Film über San Martin gedreht. José de San Martin war der Freiheitsheld von Argentinien. Er hat den ersten großen Schritt zur Kristallisation der argentinischen Nation getan. Mit seiner Zeit begann auch der ungeheure Aufschwung des Landes.

Es ist für mich ein komisches Gefühl, diesmal als Journalistin in ein Filmstudio zu kommen.

Der Aufnahmeleiter, ein äußerst liebenswürdiger Herr, erzählt mir, daß es sich um einen ganz großen Ausstattungsfilm handle. Eine halbe Million Pesos soll er kosten!

Er erzählt mir voll Stolz, daß sie die Absicht haben, den Film ganz echt zu machen, und daß sie aus diesem Grunde auch keine Schauspieler engagiert hätten. Der Diener zum Beispiel sei kein Schauspieler, sondern ein richtiger Diener, den sie sich aus einem Ministerium geborgt haben, und die Beamten, die im Stück die Akten zu prüfen hätten, seien richtige Beamte. Bloß der San Martin müsse leider von einem Schauspieler dargestellt werden, denn der ist vor nun schon hundert Jahren gestorben.

Es sind viele Menschen im Atelier.

Es ist eine Art gesellschaftliches Treffen dort. Eine Art Fünf-Uhr-Tee!

Der Aufnahmeleiter zeigt mit trauriger Miene auf ein altes Bett, das mitten in einem Zimmer steht.

»Das ist das Bett, in dem San Martin gestorben ist!« erklärt er mit Grabesstimme.

Die Damen sind ganz ergriffen, und die Männer nehmen die Hüte ab. Aber es ist nur irgendein Dekorationsbett.

Manchmal sind diese Menschen so lieb und kindlich, daß ich sie darob ans Herz drücken möchte. Nun kommt der Regisseur. Er hat eine ruhige, nette Art, anzuordnen.

Bevor ich weggehe, erzählt er mir, daß er lange Jahre in Deutschland beim Stummfilm mitgearbeitet habe und später dann auch in Hollywood war.

»Aber es ist nichts zu machen«, sagt er dann.

»Wissen Sie, wir sind ein Land der Estanzeros. Wieviel Milch wir haben und wieviel Fleisch, das ist wichtig. Aber sonst ist alles vollkommen unwichtig bei uns. Das dürfen Sie aber nicht schreiben, bitte!« sagt er.

»Aber nein, sicherlich nicht, so wahr ich Journalistin bin«, beruhige ich ihn. »Aber ist es denn wahr?«

»Ja, aber gerade deshalb! Vielleicht wird es später einmal anders werden. Sehen Sie, ich bekomme fast keine Schauspieler hier. Es sind fast alles nur kleine Mädchen, die zum Film gehen. Filmen ist kein gesellschaftsfähiger Beruf bei uns. Aber Sie?« Er sieht mich plötzlich scharf prüfend an, und ich denke, nun kommt der Schwindel mit der Journalistin raus.

»Sie könnten doch bestimmt filmen mit diesen Augen! Haben Sie es schon einmal probiert?«

»Nein«, sage ich, werde aber sofort rot dabei.

Er faßt es anders auf.

»Entschuldigen Sie«, sagt er, »ich wollte Sie nicht beleidigen. Aber ich dachte nur so. Wollen Sie es nicht einmal mit mir versuchen?«

Ich gebe ihm die Hand zum Abschied.

»Glauben Sie mir, es wäre außerordentlich interessant

für mich, mich einmal auf der Leinwand zu sehen. Aber meine Eltern würden es nie erlauben!«
Geheimnisvoll setze ich hinzu: »Ich bin nämlich aus sehr gutem Hause!«
Die Damen sind alle sehr ergriffen, die Männer nehmen den Hut ab, und ich rausche ab durch die Mitte.

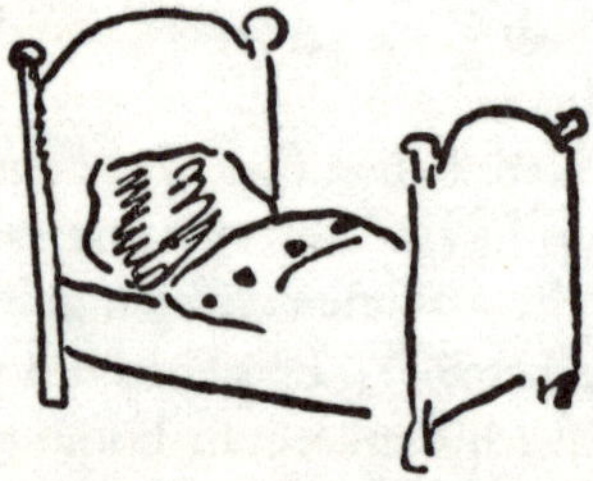

Sechsstundenflug

Um sechs Uhr früh startet die Maschine, die mich über die Anden nach Santiago bringen soll. Schon um halb fünf bin ich beim Autobus.

Es ist noch niemand da, und ich gehe in ein kleines Milchgeschäft, um zu frühstücken.

Viele Barmädchen und Taxigirls, Mädchen, die man sich für eine bestimmte Taxe mieten kann, sitzen müde, abgestumpft und verschwitzt da.

Sie wollen vor dem Schlafengehen noch ein Glas Milch trinken.

Ich setze mich an einen Tisch, an dem schon ein Mädchen sitzt und bestelle das Frühstück.

Ihr Gesicht ist im Dunkeln. Ich kann es nicht erkennen. Aber das Mädchen schaukelt hin und her, und ich merke, daß es stark betrunken ist.

Obwohl ich sie absichtlich gar nicht beobachte, fühle ich, daß sie mich ununterbrochen anstarrt. Plötzlich neigt sie sich mit einem Ruck vor, und ich sehe nun auch ihr Gesicht. Es ist bleich, durchfurcht von schwarzen Linien, die die Wimperntusche gezogen hat.

Sie muß geweint haben.

In schlechtem Deutsch fragt sie: »Glauben Sie an Gott?«

Es ist peinlich, wenn betrunkene Frauen sentimental werden. In diesem Zustand sollten sie wirklich nicht den heiligen Namen in den Mund nehmen.

»Ich glaube nicht, daß es jetzt die richtige Zeit ist, darüber zu sprechen.«

»Richtige Zeit, richtige Zeit? Ich habe keine andere«, murrt sie. Nach einer Weile steht sie auf und wankt hinaus.

Ich frühstücke zu Ende und gehe.
Ich weiß, daß es mir vielleicht immer leid tun wird, ihr nicht einfach gesagt zu haben: »Ja, ich glaube an Gott!«

Nach viereinhalb Stunden geht die Maschine runter. Wir sind in Mendoza.
Mendoza ist nach dem Gründer von Buenos Aires, dem General Mendoza, benannt.
Es ist der letzte Ort auf argentinischem Boden. Von Santiago wird gemeldet, daß die amerikanische Maschine der Pan Aire nicht startet, um über die Anden zu fliegen!
Unser Flugkapitän lacht: »Die haben immer was!« sagt er. »Wir starten natürlich, Lufthansa fliegt immer.«
In wenigen Sekunden sind wir in dichtem Nebel. »Wie in einer Waschküche«, meine ich zum Steward.
»Waschküche sagen Sie? Wir nennen das Dreck!«
Aha! Komisch, »weißer Dreck«. Das ist so wie »schwarzer Schimmel« oder »weißer Rappe«.
Aber macht nichts! Wir sind schon über dreitausend Meter hoch.
Die Mitreisenden bekommen glänzende und glasige Augen. Sie sehen aus, als hätten sie hohes Fieber. Durch den geringen Luftdruck von außen hat man das Gefühl, explodieren zu müssen.
Mein Nachbar stirbt fast. Er japst nach Luft, und es scheint ihm sehr schlecht zu gehen.
Der Steward regt sich darüber nicht weiter auf. Er kennt diesen Mann schon. Er macht jeden Monat diese Reise, und jedesmal stirbt er fast.
Er hat einen schwerzen Herzfehler. Trotzdem zieht er es vor, sein Leben aufs Spiel zu setzen, als die drei Tage auf der Bahn zu verbringen, die notwendig wären, um

dieselbe Strecke zurückzulegen, zu der wir nur ein paar Stunden brauchen.
Zeit ist für ihn Geld und ihm daher wertvoller als sein Leben.
Plötzlich sind wir aus dem »Dreck« heraus und der Sonne so nahe, daß ich einen tiefen Atemzug aus dem Sauerstoffapparat machen muß vor Glück.
Wir rasen auf den Aconcagua zu.
Er ist mit seinen siebentausendvierzig Metern der höchste Berg Südamerikas.
Unsere Maschine schwankt hin und her, sackt hundert Meter ab und wird wieder hochgerissen. Es ist eine schwere Strecke für den Piloten. Die Stürme, die sich um den Bergriesen fangen, sind für ihn recht unangenehm.
Ich sehe mich nach einem Notlandeplatz um.
Aber da hätten wir wirklich kein Glück. Nur Zacken, Spitzen und schroffe Felsen sehe ich unter uns.
Das Aussteigen wäre hier recht peinlich.
Jetzt sehe ich diese Welt der Anden, in denen ich noch vor kurzem so viel herumgeklettert bin, tief unter mir.
Plötzlich, inmitten von rotem Gestein, leuchtet ein kleiner blauer Fleck herauf, wie ein Veilchen zwischen Felsblöcken. Es ist der Lago de Inca. Bis hier herunter nach dem Süden hat sich einmal das mächtige Reich der Inkas gezogen!
Das Reich der Inkas!
Meine Sehnsucht wird immer größer, endlich in das sagenumwobene Land zu kommen, in dem einst die Inkas regierten.
»Glauben Sie, kann ich als Frau allein nach Peru reisen?« frage ich den Steward. »Dort ist doch noch alles etwas wild!«

Er sieht mich abschätzend an.
»Klar, warum denn nicht? Es gibt Menschen, die können überallhin allein reisen, man tut ihnen nichts. Zu denen gehören Sie.«
»Ojala!« sage ich, und das heißt: »Gott geb's!«
Inzwischen sind wir über sechstausend Meter hoch gestiegen. Mit der rechten Hand glaube ich den Aconcagua berühren zu können.
Aber ich bin so müde, daß ich nicht einmal den Kopf drehen kann. Mit Macht muß ich die Augen aufreißen, um diese herrliche Bergwelt zu sehen und nicht am Ende dieses schöne Erlebnis zu verschlafen.
Manchmal bin ich stolz, ein Mensch zu sein.
Es ist schon eine Sache, so einen Vogel zu bauen, der mit Ruhe und Sicherheit an diesem Berggiganten vorbeizieht und in dem man warm und geborgen sitzt und künstlichen Sauerstoff einatmet. Man kommt sich keineswegs klein und arm vor, sondern groß und mächtig, wie diese Bergriesen.
Sechs Stunden hat dieser Flug von einem Ozean zum anderen gedauert. Nun bin ich in Santiago.
Ich bedanke mich beim Kapitän für den wunderbaren Flug.
»Ach«, sagt er, »Sie haben mir mit Ihren Filmen auch schon so viel Freude gemacht.«
»Aber Sie haben mir heute Ihre Welt gezeigt, ich hatte das Gefühl, es waren Ihre Anden.«
Er lächelte wie ein König.
»Das sind sie auch!«

Unter einem Standbild

Auf dem Berg der Tränen, wie er aus dem Araukanischen übersetzt heißt, steht die Statue des Pedro de Valdivia.
Er hat den Kopf gesenkt, Sorgenfalten auf seiner Stirn, und sieht traurig auf die Stadt hinunter, die er gegründet hat.
Pedro de Valdivia war nicht bloß ein Seeräuber wie die anderen Herren Eroberer, sondern er floh damals aus Spanien, weil er in die Frau eines anderen verliebt war. Bei dieser Gelegenheit unterjochte er die Araukaner und gründete die Stadt, über die er nun unglücklich zu sein scheint.
Aber warum eigentlich?
Die Stadt ist wunderhübsch anzusehen, liegt am Fuße der Anden in der Nähe des Stillen Ozeans und ist übersät mit Blumen und Früchten. Sie scheint ein Lieblingskind der Natur zu sein.
Was haben Sie also, Herr von Valdivia?
Aber wie der Prinz im Märchen, sieht er tiefer hinein in die Stadt. Er versucht, ihr ins Herz zu schauen. Und da erkennt er, daß diese Stadt gar kein Herz hat. Das macht ihn wohl traurig.
Ihr wirkliches Herz hat er getötet, damals, als er die Araukaner besiegte und ihren Häuptling Caupolicán gefangennahm.
Obwohl dieser alle Forderungen der Spanier erfüllte und unter anderen Martern auch einen schweren Baumstamm einen Tag lang im Kreis herumtrug, wurde er schließlich gevierteilt.
Man hat ihm dann – wie es in dieser Zeit so Sitte war,

zur höheren Ehre des Allmächtigen – das Herz aus dem Leibe gerissen.

Und ein neues Herz hat die Stadt noch nicht bekommen. Die Menschen sind wohl nicht dazugekommen, daran zu denken.

Sie sind entweder zu arm oder zu reich und haben im Kampf des Erwerbens oder des Erhaltens noch keine Zeit für die Seele ihrer Stadt gefunden.

Kohle ist der Betriebsstoff für die Industrie und indirekt auch für die Zivilisation eines Landes. So hat es mir jemand erklärt, und wenn ich auch nicht weiß, ob es richtig ist, so hat es mir doch gefallen.

Hat ein Land – so sagte mir der Mann, der so schön reden konnte – nur wenig oder nur schwer zu erreichende Kohlengruben oder Fundplätze, so wie Chile, dann wird es ohne Tempo allmählich dahinsiechen. Der Grund, warum Argentinien weit an der Spitze der südamerikanischen Länder steht, sei, weil es die meiste schon freigelegte Kohle hat.

Nordamerika, fast zur gleichen Zeit entdeckt wie der Süden des Doppelkontinents, sei allen weit voraus, weil es mehr Kohle besitzt.

Nie fast liege es an den Menschen. Der Deutsche sei nur deshalb so fleißig, weil Land und Klima ihn dazu zwängen. Er sei gezwungen, alles, was er braucht, aus dem Land herauszuholen.

Der Chilene dagegen – er meinte den Chilenen auf dem Lande, nicht den in Santiago – sei ein Mensch ohne Energie, ohne Ehrgeiz, ohne Tatkraft. Er habe einen fast unglaublich niedrigen Lebensstandard und sei damit zufrieden.

Es fehle ihm wie dem ganzen Land die Triebkraft, die in der Kohle liegt. Früher lebte Chile von seinen Salpeterminen. Aber heute, da es einem Deutschen gelungen ist, aus der Luft Salpeter zu gewinnen, sind alle Minen stillgelegt.

Der Fuß des Don Pedro, auf dem ich sitze, ist kalt geworden, aber ich möchte noch einen Gedanken zu Ende spinnen.
Vielleicht wird Chile in später Zukunft einmal die Hoffnung der Welt sein, wenn Kohle und Öl versiegt sind.
Vielleicht werden die Menschen in Tausenden von Jahren, wenn alle in der Erde aufgespeicherte Sonnenenergie verbraucht sein wird, hier die Sonnenkraft direkt in Arbeit verwandeln können.
Dann wird diese Wüste von Atacama eine der Zentralen machtvoller Sonnenmaschinen werden, und dann könnte diese Wüste zu einem der Mittelpunkte der Zivilisation werden.
Und diese neuen Energien werden dann wie gute Dämonen auch in die Menschen eindringen, sie erfassen, anstacheln, vorwärts treiben.

Es ist dunkel geworden.
Plötzlich erstrahlt Santiago unter mir im Glanz von tausend Lichtern. Das funkelt und glitzert, als ob der Sternenhimmel über mir sich im schwarzen Wasser unter mir spiegelte.
Vom Berg Christobal leuchtet die erhellte Statue der heiligen Rosa, der Schutzpatronin Santiagos, herunter.
Der Himmel im Westen ist noch rosarot, im Osten ziehen die beschneiten Anden als weiße Silhouette südwärts.
Die zarte Sichel des Mondes liegt waagerecht wie der silberne Einbaum des toten Caupolicán am Himmel.

Ich sehe das Gesicht Don Pedros nicht mehr, aber ich denke mir, er müßte jetzt lächeln.
Schließlich kam er aus Liebe nach Südamerika, und alles, was man aus Liebe tut, ist doch zuletzt gut getan. Und er könnte sich doch über seine Stadt freuen, die vielleicht noch kein Herz, aber die schönste Lage der Welt hat.

Sterne

In sanften, langen Wellen schaukelt mich die Dünung des Ozeans dem heißen Norden entgegen.
Seltsame Sonnenuntergänge gibt es hier.
Einmal sehe ich den grünen Funken der sinkenden Sonne. Wie er entsteht, weiß man nicht genau. Aber die Seeleute nehmen ihn als ein Glückszeichen.
Ich auch.
Beim Schaukeln der Wellen läßt es sich so schön träumen.
Was für ein unruhiges Ding doch die Seele des Menschen ist! Sie sucht und sucht und weiß nicht, was ihr Weg zum Glück sein könnte.
Ich schaue in die leuchtende Pracht des tropischen Sternenhimmels, der die Mannigfaltigkeit des Schicksals und den Reichtum der eigenen Seele widerspiegelt.
Einen Stern suche ich mir aus.
Meinen Stern.
Ihm möchte ich mich anvertrauen. Er soll mich leiten, führen.
Ich freue mich an allen Sternen. Aber folgen möchte ich nur diesem einen, meinem Stern. Da löst er sich vom Himmel und fällt in das dunkle Meer.
Ich nehme es als ein Glückszeichen.
In Antofagasta, einer Hafenstadt in einer Sandwüste, frage ich die Wirtin, ob ich baden könnte.
»Natürlich«, sagt sie, »heute war ja ein heißer Tag. Wir heizen nämlich das Wasser mit der Sonne.«
Ich denke, ich höre nicht recht.
Meine Erfindung, vor wenigen Tagen ausgedacht, ist hier schon verwirklicht?

Es ist wahr, was Nestroy sagt: »Es gibt nichts, was es nicht gibt.«
Tatsächlich hat sie auf dem Dach einen Wasserspeicher, der mit schrägen und eigens dafür zugeschliffenen Gläsern die Sonnenstrahlen verstärkt.
Mein Badewasser läuft heiß in die Wanne.

Höchste Stadt der Welt

Ich weiß nun auch, wie man Salpeter gewinnt. Durch Erhitzen, Erfrieren, Erhitzen, wieder Erfrieren und wieder Erhitzen wird der Salpeter von den anderen Mineralien getrennt und hat dann seine befruchtende Wirkung als Düngemittel oder aber seine tötende als Sprengstoff. Ich mußte lächeln, als ich die Reise des Salpeters verfolgte, durch die Hochöfen, Eiskammern und wieder Hochöfen, weil ich an meine eigene Reise erinnert wurde: vom tropischen Urwald auf Gletscher, wieder hinunter zum Meer, dann hinauf auf sechstausend Meter und wieder hinunter in die glühende Hitze, schließlich nach La Paz auf eine Höhe von dreitausendsechshundert Metern. Der Steinblock, der Salpeter enthält, löst sich bei diesem Prozeß auf. Ich aber bin noch ganz gut beisammen.
Wir sind Stunden und Stunden durch die Wüste gefahren. Nun haben wir eine Panne.
Der Fahrer weiß nicht, woran es liegt.
Die drückende Hitze des Tages ist noch im Körper, und nun dringt die eisige Kälte der Nacht in die Knochen. Mein Begleiter, ein Beamter der Mine, und ich steigen fröstelnd von einem Bein aufs andere.
In der Nähe der Straße sehen wir ein Licht. Wir stapfen durch den Sand. Das Häuschen, das offenbar zu einer stillgelegten Salpetermine gehört, ist erhellt. Wir schauen durch das Fenster. Wie sonderbar, wie unheimlich!
Da sitzen mitten in dieser trostlosen Einsamkeit ein Mann im Smoking und eine Dame in großem Abendkleid, ganz steif am Kamin. Sie verziehen nicht das Gesicht und sitzen unbeweglich da.
Zwei Tote!

Oft schon habe ich es gehört, daß Menschen und Tiere in der Wüste durch Wind und Trockenheit konserviert oder mumifiziert werden können.
Sicher hat man die beiden hier irgendwie vergessen, und sie waren dann unbegreiflicherweise ums Leben gekommen, vielleicht verhungert oder wahnsinnig geworden.
Mein Begleiter tritt ein. Ich gehe vom Fenster weg. Ich fürchte mich, wenn ich daran denke, wie die beiden Mumien nun steif umkippen werden, wenn mein Begleiter ins Zimmer tritt.
Rund um mich ist schwarze Nacht.
Nach einer Weile kommt mein Gefährte wieder und sagt: »Es sind Engländer, sie bitten Sie, doch einzutreten!«
»Sind Sie verrückt?« flüstere ich. »Ich gehe doch nicht zu Toten!«
»Was«, sagt er, er versteht mich nicht recht, »das sind sehr nette Leute, sie stellen hier das Mineninventar zusammen. Sie sehen nur so vertrocknet aus.« Gottlob, da hupt auch schon unser Wagenlenker, und wir können weiterfahren.
Noch lange, fast eine Stunde, sehe ich das einsame Licht in der Wüste leuchten. Oft drehe ich mich noch scheu um, ob die beiden englischen Mumien im Smoking und Abendkleid nicht doch hinter uns herklappern.

Dreitausendsechshundertneunzig Meter über dem Meeresspiegel liegt La Paz, die höchste Großstadt der Welt. Die Stadt des Friedens liegt dem Himmel sehr nahe. Ich höre schon die Engel singen, als die Bahn direkt vom Meer immer höher und höher klettert.
Viele Reisende liegen ohnmächtig in ihren Abteilen und können kaum atmen. Sonderbarerweise geht es denen

am schlechtesten, die die Reise schon des öfteren mitgemacht haben.

Einen Tag und eine Nacht klettert die Bahn aufwärts, eine wunderbare Müdigkeit, eine Sanftmut überkommt mich.

Nicht einmal die vielen Cholos, Mischlinge aus Weiß und Schwarz, die als Zollbeamte verkleidet in mein Abteil kommen und meine Koffer durchsuchen, können mich aufregen. Immer wieder kommen sie und stülpen den ganzen Inhalt einfach auf den Boden, machen die Seifenschale auf, riechen daran und zerzupfen alle Kleider.

Aber ich kümmere mich nicht darum. Ich sitze zusammengekauert auf meinem Sitz und friere ganz abscheulich. Von 30 Grad Hitze bei Tag ist die Temperatur unter Null gesunken. Meine Zähne klappern aufeinander, dabei habe ich brennheiße, fiebrige Wangen und geschwollene rote Augen, die mir aus dem Kopf zu springen drohen, da der Luftdruck von außen her so gering ist.

Hätte mir einer gesagt, ich müßte ihm nun mein ganzes Bargeld ausliefern und dann aussteigen, ich hätte es bestimmt getan. Ich bin so friedlich. Ich lasse die Koffer einfach umgestülpt. Es ist mir gleichgültig, daß Reitstiefel, Seife, Badeanzug, Wäsche und Kleider zerstreut auf dem Boden liegen.

Ich habe Nasenbluten und Ohrensausen, aber ich lächle trotzdem stillvergnügt und freundlich der Stadt des Friedens entgegen.

Ich beneide jeden, der Boliviens Hauptstadt, La Paz, noch nicht gesehen hat, denn er hat es noch vor sich.

Vom Altiplano sieht man plötzlich tief hinunter in den Talkessel, in dem La Paz liegt, von Rosen und Ginster

überwuchert und in dem sich das Züglein in vielen Serpentinen hinunterschlängelt.
Mir ist, als ob ich durch ein Tor fahren würde, auf dem mit goldenen Buchstaben stünde: »Willkommen in Südamerika!«
Ich bin berauscht. Nicht nur durch die Höhe. Auch durch die Fremdheit.
Die Indianer in ihren bunten Kleidern, die Frauen mit ihren vielen Röcken, die sie übereinander tragen, trippeln hinter ihren Lamas einher. Die Röckchen der Weiber schwanken um ihre braunen Beine in schnellem Rhythmus, als ob ihre Trägerinnen tanzen würden. Ihre Haare haben sie in viele Zöpfchen geflochten und tragen darüber kleine, steife Herrenhüte.
Ich bin völlig verzaubert von dieser Welt!
Daß es das noch gibt?
Gott sei Dank, daß es das noch gibt!
Ich dachte schon, die Menschen der ganzen Welt trügen Einheitskleidung: der Chinese keinen Zopf mehr, der Türke keinen Fes mehr, und Indianer gäbe es überhaupt nicht mehr.
So wenigstens hat man es mir in Argentinien und Chile einzureden versucht. Es gibt ihrer aber gottlob, noch genug. Von den sieben Millionen Einwohnern sind sechs Millionen Indianer.
»Sind sie nicht schrecklich schmutzig?« fragt mich jemand im Zug.
»Ja, aber der Schmutz steht ihnen so gut!«

Ich wollte, ich hätte eine Tarnkappe, um damit auf den Markt zu gehen.
Dort spielt sich nämlich das kleine Leben der Indianer ab. Dort sitzen und singen und kochen sie, dort suchen

sie Läuse und stillen ihre Kinder, dort verkaufen sie auch ihre Waren.
Ich geniere mich fast, als Fremde dazwischen herumzugehen.
Es ist fast ein bißchen indiskret.
Aber zum Glück interessieren sie sich für mich viel weniger, als ich mich für sie. Sie nehmen keinerlei Notiz von mir und fühlen sich gänzlich unbeobachtet. Manchmal wage ich sogar schnell ein paar Schnappschüsse mit meiner Leica. Aus den Bildern kann leider nie etwas werden, weil ich vor lauter Schamgefühl die Hand vor das Objektiv gehalten habe!
Vielleicht brauche ich gar nicht so rücksichtsvoll zu sein? Aber ich kann nicht anders.
So häßlich ich die alten Leute von La Paz finde – so entzückt bin ich von den jungen Mädchen.
Ich finde sie wunderschön. Sie sehen aus wie kleine Eskimos oder kleine Japanerinnen, nur noch viel hübscher. Sie haben breite Backenknochen, kleine Stupsnasen, etwas geschlitzte, glänzende, dunkle Augen und einen vollen, roten Mund, in dem weiße, kräftige Zähne leuchten, wenn sie lachen.
Und sie lachen viel. Wie alle jungen Mädchen.
Noch nie habe ich so schönes, glänzendes Haar gesehen. Es soll an dem Waschmittel liegen, mit dem sie es behandeln. Aber es ist nichts für uns Europäerinnen! Aus hygienischen Gründen würde ich es jedenfalls nicht empfehlen können, und ich glaube, daß selbst unsere Eitelkeit nicht so weit ginge, es trotz allem anzuwenden. Die Weiber sitzen mit untergeschlagenen Beinen mitten unter ihren Waren. Sie verkaufen Kartoffeln oder Mais oder Feldfrüchte.
Wie verspielte Kinder bauen sie aus den Waren Verzie-

rungen. Aus den Kartoffeln machen sie Pyramiden, die Granadillas spießen sie wie Köpfe auf Stäbchen auf, die Maiskörner häufen sie zu unzähligen kleinen Maulwurfshügelchen um sich herum, und die Chirimoyas, eine süßlich, etwas parfümiert schmeckende Frucht, bauen sie in die Höhe wie einen Turm.

Aus einem roten Schotengemüse, das schärfer schmeckt als unser Paprika, machen sie viele kleine Kränzchen. Diese Schoten heißen »Que le pario«, und das ist der Schluß eines furchtbaren Fluches. Man hat diese Frucht so genannt, weil das Gewürz so scharf ist, daß man beim Essen zu fluchen beginnt.

Die Weiber eifern untereinander, wer die schönsten Muster zuwege bringt, und bauen mit ihren braunen, kurzfingrigen Händchen immer wieder um.

Das Verkaufen nehmen sie gar nicht so wichtig. Sie lachen und zwitschern mit der Nachbarin in ihrer Aymarásprache allerhand Dinge, über die die andere dann auch furchtbar lachen muß. Dabei schlagen sie sich immer wieder vor Vergnügen auf die Schenkel.

Ich möchte so gern wissen, worüber sie lachen; ob sie über dieselben Dinge lachen, über die unsere Bauernmädchen lachen, wenn sie am Markt sitzen? Aber ich kann kein einziges Wort verstehen.

Aymará hat nicht die entfernteste Ähnlichkeit mit Spanisch. Eher klingt es ein bißchen wie Schwyzer Dütsch mit vielen gutturalen Tönen.

Gegen Mittag beginnen sie zu kochen.

Dann graben sie mit den Händen ein Loch in die Erde, legen kleines, mitgebrachtes Holz darauf und entzünden es. Eine Stielpfanne und viele Stückchen Fleisch holen sie aus der Llilia.

Die Llilia ist das selbstgewebte Rückentuch, in dem Kind

Holz, Stielpfanne und Fleisch, natürlich alles unverpackt und durcheinander, mitgenommen werden. Die Kinder werden nicht sehr verwöhnt. Das habe ich wirklich bemerkt.
Einmal sah ich eine Indianerfrau mit einer vollbepackten Llilia. Sie hatte Holz drin in großen Stücken. Ich stand dicht hinter ihr und hörte es aus ihrem Rückentuch von unten her dumpf weinen. Erschrocken zupfte ich die Alte und zeigte auf ihre Llilia. Sie lachte voll Mutterstolz.
»Ja, das ist mein Kleines!« sagte sie, und ließ es ruhig unter all dem schweren Holz weinen.
In der Mittagszeit nehmen die Weiber also das Fleisch heraus, geben es in die heiße Pfanne und binden das Baby wieder in das Rückentuch.
Zu dem Fleisch schütten sie dann kaltes Wasser und drehen es mit den Fingern um. Wenn es gar ist, kommen wie von selbst die Männer herbei, hocken sich um die Pfanne herum und beginnen zu essen, ernst und konzentriert wie Tiere auf der Weide.
Nach dem Essen nehmen sie aus einem Beutelchen, das sie am Gürtel hängen haben, eine Handvoll getrockneter Cocablätter und schieben sie in den Mund zwischen Backenzähne und Wange.
Das ist also der Grund, warum alle Indianer eine geschwollene Backe haben und nicht, wie ich erst dachte, wegen Zahnschmerzen!
»No hay coca, no hay trabojo!«
»Gibt es keine Coca, dann gibt es auch keine Arbeit!« sagen sie, und die Weißen, die auf ihre Arbeitskraft angewiesen sind, geben ihnen jede gewünschte Ration. Sie wissen, daß die Indios nach dem Genuß von Coca sich stark fühlen und keinen Hunger mehr verspüren.

Indios, Cholos

Am Ufer des Flusses sitzt eine Indianerin. Sie dreht und windet sich, als hätte sie heftige Leibschmerzen.
Wenige Minuten später badet sie schon das Neugeborene im Fluß.
Voll Stolz hält sie mir den kleinen, dunklen Wurm entgegen. Er hat soeben die erste und letzte Waschung seines Lebens hinter sich. Befriedigt packt ihn dann seine Mutter in ihre Llilia.
Wäre das Kind tot gewesen, wäre sie sicherlich ebenso stolz, denn dann hätte sie, wie die Indios glauben, einen Engel mehr im Himmel, der für sie betet.
Sie lacht mich an, und ihre Zähne blitzen weiß wie der Schnee des Illimani über ihr.
Dann trippelt sie eilig davon, ihrer Arbeit nach, die sie nur ein paar Minuten lang unterbrochen hat. Ich bin etwas betäubt von diesem überraschenden Vorgang, komme aber zu dem Schluß, daß wir uns auch daran kein Beispiel nehmen dürfen.
Schließlich sind Menschen keine Kaninchen, und es ist kein Wunder, daß die Indianer die höchste Sterblichkeitsziffer der Welt haben.

Ich habe natürlich auch Gelegenheit, die andere Seite der Einwohnerschaft von La Paz zu sehen.
Ich bin auf einer Hazienda eingeladen und trinke dort Zuckerrohrschnaps in Eis gekühlt.
Das ist nichts Besonderes an sich.
Bloß, daß beides vom Boden derselben Hazienda stammt, macht dies zu etwas Besonderem. Zuckerrohr ist eine tropische Pflanze und Eis eben Eis, das aber in diesem

Falle von einem Indio in ein paar Stunden Weges vom eigenen Gletscher heruntergebracht worden ist.
Dann bin ich wieder bei sehr eleganten Leuten zum Lunch eingeladen.
Ich esse dort frische Austern, die eben mit dem Flugzeug vom Meer herbeigebracht worden sind.
Ich friere bei den Abendgesellschaften ganz scheußlich im ärmellosen Kleid, denn in Südamerika gibt es meist keine Öfen.
Ja, ich erlebe ein Konzert, bei dem der Sänger keine Luft mehr bekommt, so daß die Veranstaltung abgebrochen werden muß. Es ist ziemlich peinlich, war aber doch vorauszusehen. Würde denn jemand bei uns auf die Idee kommen, sich im Smoking auf die Spitze des Großglockners zu stellen, um dort sehr laut und möglichst bis zum hohen C hinauf zu singen? Ich glaube es nicht. Und doch sind wir ebenso hoch.
Es leben große und mächtige Kaufleute hier in La Paz, tüchtige Geschäftsleute, die mit beiden Füßen auf der Erde stehen.
In Wirklichkeit aber sind sie der große und entwickelte Kopf, der noch ziemlich wacklig auf dem kleinen Indianerkörper sitzt.
Beide sind gleich wichtig für das Land. Einer könnte ohne den anderen nicht sein.
Aber es will der Kopf vom Körper nichts wissen und verachtet ihn, und der Körper mag vom Kopf nichts wissen und mißtraut ihm.
Der Kopf lebt im zwanzigsten Jahrhundert, im Zeitalter der Maschine, und der Körper lebt immer noch im fünfzehnten Jahrhundert, als die letzten Inkas von den Spaniern ermordet wurden.
Keiner von beiden tut etwas, um dem anderen näherzu-

kommen. Die Indios, seit Jahrhunderten vom Schicksal zum Dienen ausersehen, leben wie die Tiere dahin. Immer haben sie nur so nebenbei gelebt. Auch den fremden Inkas mußten sie ja dienen. So, wie die Frau ihr Kind bekam, so nebenbei wächst es auf. Während sie ihre Waren verkauft, stillt sie das Kind. Während sie hinter ihrem Lama herzieht, dreht sie den Webfaden.

Während der Indio Lasten trägt, oder den Acker bebaut, kaut er Coca und mit ernstem, unbeweglichem Gesicht schüttet er einen Schnaps nach dem anderen in sich hinein, bis er betrunken umfällt. So lebt er ohne Ambition, ohne Lärm. Leise trippeln sie, leise lachen sie, leise zwitschern sie ihre Aymarásprache, und leise und unauffällig, so ganz nebenbei, sterben sie auch.

Wenn sie tot sind, werden sie aufgebahrt, und die Familie und alle Freunde setzen sich davor und trinken.

Ich erlebte auch einmal eine Feier. Ungeheure Mengen von Schnaps werden dort vertilgt. Einen ganzen Tag lang geht es ohne Unterlaß. Aber es ist trotzdem nicht laut, im Gegenteil, alle werden immer ernster und leiser.

Abends kommt der Mond heraus, und seine Strahlen fallen auf den Toten. Sie beleuchten seine Nasenspitze in ganz auffallender Weise. Sie sieht wirklich aufreizend aus. Da nimmt einer ein Steinchen und zielt damit auf die Nasenspitze des Toten.

Dann der nächste und so alle nach der Reihe.

Derjenige, der am besten trifft, darf einen besonders tiefen Schluck tun. Das geht so lange, bis die Nase des Toten mit Steinchen zugedeckt ist. Dann fallen sie um und schlafen.

Sie sind völlig abgestumpft. Durch den fortgesetzten Genuß von Coca geistig geschwächt und degeneriert.

Weil sie aber so degeneriert sind, müssen sie wohl eines Tages groß gewesen sein. Lange vor den Inkas. Sie wissen es selbst nicht mehr.
Manchmal sehe ich ein Profil, das Linie hat, eine Geste, die groß ist, höre einen wehmutsvoll gesungenen Ton, der aus einer anderen Welt kommt, aus einer anderen Zeit, in der sie noch Herren waren in ihrem Land, groß und mächtig, und nicht arme, verseuchte, halbverhungerte Sklaven.
Arme Aymarás, arme Indios!

Zwischen dem Weißen und dem Indio steht der Cholo, der Mischling beider Rassen.
Fast immer im Zustande der Trunkenheit, will er womöglich weißer sein als der Weiße und seine indianische Herkunft verleugnen. Gerade er behandelt die Indios roh und unmenschlich.
Jedem Fremden gegenüber will er sich als besonders wichtig hervortun.
Ich erinnere mich an ein ebenso komisches wie unangenehmes Erlebnis, als ich in Quaqui, der Grenzstation zwischen Bolivien und Peru, vor dem Titicaca-See stand.
Der See stimmte mich nachdenklich.
Ich konnte ihn und seinen Namen nicht unter eine Decke bringen. Er war es, der mir einmal in der Geographiestunde einen Tadel einbrachte, weil ich ihn nicht ohne Lachen oder Kichern aussprechen konnte. Das also war er, der Titicaca-See!
Aber er ist gar nicht so komisch wie sein Name. Er stimmt mich ernst. Wie ein Meer liegt der höchste See der Welt da.
Indios mit schmalen Kanus fahren an seinen schilfigen Ufern, sie fischen und singen dabei.

Der Illimani, der Illiampu und der Sorata, die drei Siebentausender spiegeln sich im silbrig-blauen Wasser genau wie damals, als Manco Capak und Mama Oclo, die beiden ersten Inkas, aus seinen Gewässern aufstiegen, um gegen Cuzco zu wandern. Sie waren von der Sonne gesandt worden, erzählt die Sage, um den Indios zu helfen. Sie sollten so lange wandern, bis eine goldene Axt, die sie bei sich hatten, in der Erde stecken blieb.
Sie wanderten von Juliaca bis nach Cuzco, dieselbe Straße, die auch ich fahren will. In Cuzco blieb die Axt stekken. Mama Oclo lehrte die Frauen das Weben und Manco Capak die Männer das Anpflanzen des Maises und der Kartoffel, und ihre Kinder wurden wieder Inkas. Der oberste Inka durfte niemand anderen heiraten als seine älteste Schwester. Sie sprachen nicht die Sprache der Aymarás, sondern eine fremde Geheimsprache. Vielleicht kamen sie vom anderen Ende der Welt! Die Indianer sagen nämlich, im Titicaca-See sei ein Loch, und könnte man bis dahin tauchen, so würde man auf der anderen Seite der Erde herauskommen.
Vielleicht kamen die Inkas in jahrhundertelanger Reise aus Ägypten nach Peru! Viele Dinge ihrer Kultur erinnern an den Gedankenkreis der Ägypter.

Ich denke an den ungeheuren Inkaschatz, an das viele rote Gold, das im Titicaca-See versenkt liegen soll. Und an die Ungeheuer, die sich am Grund des Sees wälzen und den Schatz bewachen.
Wenn das Projekt, den Titicaca-See zu entwässern, um die Wüste Atacama fruchtbar zu machen, verwirklicht würde, dann müßte man den ganzen See ableiten, und das heilige Wasser würde in die Tiefe stürzen. Dann würde der Schatz plötzlich wieder freiliegen. Riesige

Goldketten, Goldkisten, Goldsänften und der berühmte goldene Wald der Inkas würden wieder in der Sonne funkeln und leuchten und blitzen. Der Titicaca-See wäre plötzlich ein goldenes Tal, und der Illimani, der Illiampu und der Sorata würden dann nicht mehr weiß in den blauen Himmel ragen, sondern rot in der Sonne funkeln.
Die Menschen würden geblendet sein.
So viel Gold hätten sie noch nie gesehen. Und voll Gier würden sie hinuntersteigen.
Von allen Richtungen der Welt würden die Menschen zusammenströmen und hinuntersteigen, um das Gold zu holen. Aber plötzlich würden die Ungeheuer der Tiefe, die Drachen, hervorbrechen und sie vernichten. Sie würden sich auf diese Menschen stürzen und die letzten Inkas tausendfältig rächen.
Das wäre dann der Untergang der weißen Götter.
So träume ich.
Da kommt eben so ein Cholo.
Er sieht aus meinem Paß, daß ich Deutsche bin. Auch sieht er, daß ich allein reise, und es macht ihm offenbar großen Spaß, mir Schwierigkeiten zu bereiten.
Wie der Engel der Gerechtigkeit pflanzt er sich vor mir auf und verlangt von mir mitten unter den Lamas und Indios in 3600 Metern Höhe – den Ariernachweis meiner Großeltern väterlicher- und mütterlicherseits.
Natürlich habe ich nicht annähernd so etwas bei mir. Aber er sieht sehr wild drein und will mich unter keinen Umständen ohne diese Papiere in den kleinen Dampfer steigen lassen, mit dem ich auf die andere Seite des Sees fahren will.
Irgend etwas muß geschehen.
Ich kann ja nicht den Rest meines Lebens in Quaqui verbringen. So nehme ich ein dicht beschriebenes Ver-

tragsformular einer Filmgesellschaft aus meinem Koffer und halte es ihm hin.
Seine Kollegen umringen ihn neugierig. Er wird sichtlich verlegen, weil er kein Wort lesen oder gar verstehen kann. Alle sehen ihn gespannt an und merken alsbald seine arge Verlegenheit und lachen ihn aus.
Schließlich ist er eine Amtsperson. Und das hat auch schon ein Cholo heraus, daß eine Amtsperson keinen Spaß zu verstehen hat. Deshalb dreht er sich um und brüllt alle an, da gebe es doch nichts zu lachen. Zu mir sagt er, ich könne nun passieren, und verneigt sich tief, als wenn ich mich eben als Königin ausgewiesen hätte.
Ich kann den kleinen Dampfer »Ollanta« besteigen. Einen ganzen Tag währt die Überfahrt über den See hinüber nach Peru.
Ich fahre in das Reich der Inkas.

Sonnentempel

Machú Picchu, zu deutsch der Coca-Kauer, ist ein Berg im peruanischen Urwald, an dessen Fuß der Urubamba fließt.
Vor kurzem suchte ein Indio seine Lamas, die sich verlaufen hatten, und erzählte, als er zurückkam, von ganz besonderen Steinmauern, die er da oben gesehen habe. Davon hörte ein Forscher, ein Amerikaner, und in kurzer Zeit hatten sie diese alte, herrliche Inkastadt ausgegraben.
Das war erst vor ein paar Jahren.
Vielleicht gibt es ebenso schöne Landstriche, vielleicht ebenso schöne Ruinen anderswo. Aber Landschaften und Ruinen dieser Art, so großartig und einheitlich, so eng aneinander, ineinander verwoben und verkettet, gibt es sicherlich nicht noch einmal.
Ich glaube es nicht.
Ich kann mich von diesem Wunder nicht trennen und bleibe.
Ein Tag ist hier wie eine Stunde, eine Woche wie ein Tag. Ein Ort, der drei Tagesreisen entfernt ist, scheint so nahe, daß man sich dafür kaum erst eine Zahnbürste mitnimmt.
Ich bleibe also am Coca-Kauer.
Ich genieße hier etwas, was ich mir schon mein ganzes Leben lang sehnlichst gewünscht habe. Auf jeder Bühne, in jedem Museum, in jedem Konzert und in jeder Kirche: mich allein zu wissen mit dem Kunstwerk und unbeobachtet.
Nur ich und es! Mich ungestört versenken zu können, eins zu werden mit ihm und alles andere zu vergessen.

Täglich gehe ich, bald schnell, bald langsam, durch die uralte Inkastadt.
Ich setze mich irgendwo oben auf eine Mauer und sehe hinab, tief, tief hinab in das Tal des Urubamba. Genau wie damals rauscht er auch jetzt dort unten. Aber wer saß damals hier oben auf dieser Mauer? War es ein Mönch? War es eine Sonnenjungfrau? War es ein König? Oder ein Hirte?
Niemand weiß es.
Der Urubamba schlängelt sich durch Gestrüpp und Urwald bis zum Horizont, wo er in der Höhe meiner Augen verschwindet. So weit kann man seinen Lauf verfolgen.
Es befällt mich eine ganz sonderbare Stimmung in dieser alten Inkastadt, deren einziger Bewohner ich bin.
Ich verändere meinen Gang. Nach und nach kann ich nicht mehr schnell und flüchtig gehen, wie wir Heutigen es tun.
Unbewußt werden meine Schritte größer, gewichtiger, dem Ernste dieser steingewordenen Trauer angepaßter.
Jeden Morgen gehe ich durch den großen Hof, die hundert Steinstufen hinan zum Sonnentempel.
Der liegt auf der höchsten Spitze des Berges, und ein großer Stein liegt in der Mitte.
Der Stein heißt Intihuatana. »Der Stein, an dem die Priester die Sonne anbinden«, die Übersetzung.
Auf diesen Stein setze ich mich, das Gesicht gegen Osten gewandt.
Es ist noch dunkel. Unter mir jagen weiße Nebelfetzen wie böse Dämonen um den Machú Picchu.
Der Huayna Picchu und der Berg mir gegenüber, der Media Naranja, sehen aus wie schimmernde Rosse in einem schäumenden Eismeer.
Es ist kalt. Ich muß aufstehen und um den Stein laufen,

teils um warm zu werden, teils weil ich es einfach tun muß. Das bringt mich in eine Art Ekstase. Ich laufe solange, bis ich keuche. Und ich laufe weiter, bis die Sonne kommt.

Gewaltig steigt die Gottheit des Lichtes über dem Berg auf. Die Luft tönt, wenn sie ihren Wagen über die Welt lenkt.

Fanfaren und Posaunen.

Mein Herz klopft, und ich muß niederknien, mein Gesicht mit den Händen verbergen. Ringsum ist es still. Kein Sterblicher auf viele Meilen stört mein Gebet.

Es muß sein, daß man den Sonnengott anbetet. Ohne ihn ist es finster und kalt, dann kommt er, und es wird hell und warm, und er verscheucht alle finsteren und bösen Dämonen.

Ich schlafe in seinen Armen ein, traumlos wie damals, als ich noch nicht auf der Welt war.

Sonst ist es aber eine sehr wache Zeit. Ich fühle mich unkörperlich, durchsichtig. Nachts schlafe ich nicht, vor Sehnsucht nach meinen geliebten Steinen.

Der Stein war dem Inka heilig. Nun hat er auch für mich Leben bekommen.

Ich fühle durch ihn die Hand, die ihn vor fünfhundert oder tausend oder zehntausend Jahren, niemand weiß das genau, geformt und geglättet hat. Kein menschliches Lebewesen hat ihn seither berührt. Es geht ein sonderbares Fluidum von ihm zu mir.

Die groben Felsblöcke sind wie feine Mosaike ineinandergeschoben, so dicht, daß auch nicht der kleinste Spalt zwischen ihnen freigeblieben ist. Sie sind sorgfältig behauen und bearbeitet und fühlen sich an wie glatte Marmorplatten.

Eine ungeheure, aufgespeicherte Energie und Ruhe bergen sie in sich. Aus einem großen Geist heraus, aus dem Mittelpunkt des Menschen, dort, wo er sich mit dem All deckt, sind diese Mauern geschaffen worden.

Sie streben nicht in die Höhe wie die gotischen Bauwerke. Sie wollen nicht Dokumente der Macht sein wie die Pyramiden. Sie wollen nichts und erstreben nichts. Sie ruhen ganz einfach in sich.

Sie sind die Summe aller Bewegungen ihrer Erbauer. Niemand weiß, wie die Inkas diese ungewöhnlich großen Felsen behauen und womit sie sie bearbeitet haben, auch nicht, auf welche Art sie die Blöcke auf solche Höhen gebracht haben.

Die Inkas, eigentlich die letzten Nachfahren der Steinzeitmenschen, hatten keine Eisengeräte. Vielleicht, so glaubt man, hatten sie ein Präparat, Champi genannt, mit dem sie die Felsen polieren konnten. Oder vielleicht hatten sie gar Formen, in die sie eine Steinmasse gossen, so daß sie diese Präzisionsarbeit erreichten.

Wer weiß es?

Aber die Mauern erzählen viel.

Ein Kind des zwanzigsten Jahrhunderts, bin ich plötzlich ganz auf meine eigene Phantasie angewiesen. Kaum bin ich es mehr gewöhnt.

Hier lächelt der Fachmann nicht, sondern sagt selbst ganz bescheiden: Wer weiß es?

So versuche ich das einzige, was zu tun bleibt, nämlich intuitiv so viel herauszuhorchen, als die alten Mauern mir zuraunen wollen.

Sie erzählen von Menschen mit wuchtigen Körpern, langsamen Bewegungen, ruhigen, ernsten Blicken; mit Augen, die in die Tiefe der Dinge zu dringen vermochten. Oberflächlichkeit, Eile, Hast, Nervosität waren Begriffe, die sie bestimmt nicht kannten. Sicher spielte die

Zeit bei ihnen keine Rolle. In einer einzigen Mauer steckt vieler Menschenleben Arbeit.
Aber was tat das, sie hatten einen weiten Blick, sie verfolgten die große Linie. Sie übergingen Einzelheiten und Einzelleben. Sicher konnten sie da grausam sein.
Ganz lebendig werden diese Gestalten für mich, und ich zögere oft, in eine Straße einzubiegen aus Angst, es könnte mir ein solcher Krieger begegnen.
Von der Mitte des Berges bis zur Spitze führen Terrassen. Früher bauten die Inkas hier den Mais an. Jetzt aber sind sie überwuchert von Rosenstöcken, roten und gelben und weißen Rosen, mit duftendem Goldregen vermischt. Von Jasminbüschen hängen bunte Fledermäuse, die das Blut aussaugen wollen, und schillernde, giftige Spinnen kriechen zwischen dem Gemäuer.
Wenn die Sonne im Zenit steht, wird es unerträglich heiß.
Weiße Wolken machen den Himmel so niedrig, daß es schwer wird, zu atmen.
Die Ruinen haben keine Dächer mehr. Ich kann mir in meiner Phantasie welche dazubauen, aber sie schützen mich nicht vor der Sonne.
Meine Haare glühen, und Hemd und Reithose kleben am Körper. Die Stiefel werden immer enger und kleiner. Ich möchte mich gern ins hohe, kühle Gras legen. Täte ich es, ich könnte gleich liegenbleiben.
Die giftigen Schlangen würden mich totbeißen. Dann würde Gras über mich wachsen und auch Rosenbüsche und Jasmin.
Und in hundert Jahren würde ein gelehrter Mann kommen, an dieser Stelle zu graben beginnen und plötzlich ausrufen: »Es ist erstaunlich, festzustellen, daß die Inkas schon Reitstiefel getragen haben, obwohl sie noch

gar keine Pferde kannten. In der Schädelform übrigens ein typischer Makrozephale, ein Dickschädel, und dem Homo sapiens ziemlich verwandt. Es scheint sich in diesem Falle um eine ganz niedrige Klasse der Inkas zu handeln, eine Inca communis scheinbar.« Dann würde er stolz seinen Bart streichen ...

Nein! Noch nach dem Tode eine schlechte Kritik, das würde ich denn doch nicht ertragen.

So schleiche ich die hundert Stufen hinauf und suche Schutz im Sonnentempel. Da liegt die Halle der Betrachtung, so habe ich sie getauft.

Dort ist es kühl.

Die Steine sind vollkommen regelmäßig aufgebaut, um nicht von der Konzentration abzulenken.

In der Mitte steht ein großer, spitzer Fels, der Gott dieses Tempels. In den versenkten sich einst die Mönche, bis sie eins wurden mit ihm.

Lange, hagere Gestalten mit blassen Gesichtern und dunklen Kutten sehe ich an den Wänden sitzen, weder schön noch häßlich, weder gut noch böse kann man diese Gesichter finden. Abseits von all unseren heutigen Begriffen, fremd und fern. Uns fern. Aber sicher dem Kern des Lebens näher.

Wie ein Schauspieler, der sich so sehr in seine Rolle versenkt, daß er sich schließlich selbst für die Gestalt hält, versenke ich mich so sehr in diese Zeit, daß ich meine, in ihr zu leben.

Morgens gehe ich zum Sonnentempel, der gegen Osten liegt, und abends zum Sonnentempel, der gegen Westen liegt, und bete die aufgehende und die untergehende Sonne an.

Einen seltsam schönen Stein mit Treppen darin ernenne ich zum Tempel des Mondes.

Zu meinem Tempel des Mondes muß man einen steilen Pfad, einen Abgrund entlang, hinangehen.
Dieser Abgrund ist ein Schlangennest.
Unzählige Skelette von Menschen sollen dort unten liegen, die einst von ihren Feinden hinabgestoßen worden sind.
In einer halbverfallenen Halle ziehe ich einen kleinen Stein aus dem Mosaik, der locker sitzt, und finde dahinter eine Öffnung, die trichterförmig ins Freie führt.
Ich lege meinen Mund an die Öffnung und rufe laut: »Hallo!«
Dreimal verstärkt fliegt der Ton weiter, weit über das Tal hinweg, hinüber zum anderen Berg, auf dem ebenfalls eine verschüttete Inkastadt liegt. Sicher war das einst ein Rufrohr, mit dem man sich zwischen beiden Städten verständigen konnte.
Da ertönen Muschelhörner.
Und es ist, als ob in einem goldenen Kleid Hunai-Capak oben erschiene.
Die untergehende Sonne beleuchtet ihn rot, und alle fallen auf die Knie und bedecken ihre Augen, die zu schwach sind, um die göttliche Majestät zu schauen.
Sie können den Mensch gewordenen Gott in ihrer Kleinheit nicht ertragen.
Hunai-Capak, der zwölfte Inka, verkündet ihnen, daß er das Reich der Sonne verteilt hat unter seinen Söhnen: Atahualpa und Huascar.
Sie jubeln ihm zu.
Das Reich aber zerfällt, da die Einheit zerbricht. Über dem nördlichen Himmel erscheint der Schatten des Kreuzes.
Wenn der Gott der Sonne untergetaucht ist, wenn das ganze Tal des Urubamba im Dämmern liegt, beginnen

die Rosen zu duften wie auf einem Friedhof, und die Steine atmen die Hitze des Tages aus.
Dann fühle ich die Unbarmherzigkeit der Zeit, die alles auslöscht, ausradiert und von der größten Kultur nichts übrig läßt als Steine und ein bißchen Friedhofsgeruch.
Ich fühle die Zeit wie ein ewiges Wasser und die Kulturen nur als Wellen, die auf und nieder gehen und manchmal zerrinnen müssen, wenn die Zeit es will.
Die Zeit aber bleibt ewig.

Den letzten Abend sitze ich mit einem kleinen Indianerjungen oben auf einer Mauer.
Er spielt Flöte, und ich sehe hinab in das Tal des Urubamba.
Wieder duften die Rosen, und kleine Leuchtkäfer schwärmen auf den Terrassen, als wären die Inkas wieder lebendig geworden und gingen nun mit ihren Laternchen auf und ab.
»Die Inkas leben noch«, sagt der Junge unvermittelt. Dann spielt er ein paar Töne, die weit fortfliegen über die Täler weg.
»Sie leben tief drinnen im Wald auf einem Berg, höher noch als dieser. Alles ist dort aus Gold, und sie tragen schöne Kleider wie damals. Einmal werden sie kommen und uns erlösen!«
Wieder spielt er.
Wilde Sehnsucht nach diesem Land steigt in mir empor. Ich weiß, daß es Landstriche in Peru gibt, in die noch niemals ein Mensch seinen Fuß gesetzt hat.
Man glaubt, daß dort noch weiße Indianer leben, vielleicht auch Nachkommen der Inkas.
»Ich weiß, wo es ist«, sagt der Junge wieder und bläst seine Flöte.

Eine maßlose Unruhe ergreift mich.
Ob ich sie wirklich sehen könnte, diese Kinder der Sonne mit langem Haar und federgewirktem Gewand?
So können alle Gestalten, die bis jetzt nur in meiner Phantasie gelebt haben, plötzlich Wirklichkeit werden?
»Wollen wir hingehen?« frage ich nach langem Schweigen.
Er sieht mich von der Seite an.
»Wir können hingehen, aber wir können nie mehr zurückkommen!«
Er lockt mich mit seiner Flöte, wie der Rattenfänger, und es festigt sich in mir der Entschluß, zu den Inkas zu gehen und nie mehr wieder heimzukehren.
Nachts tauchen immer wieder Bilder dieser fremden Stadt auf, so fremd, als wären sie Bilder eines fremden Planeten.
Ich könnte das wirklich erleben?
Nie mehr müßte ich mich kümmern um Geld, um Kleider, nie mehr um Feinde und Freunde, nie mehr müßte ich mit dem Leben kämpfen, nichts ginge mich mehr etwas an. Wäre das nicht herrlich?
Aber dann kommen viele Dinge, die dagegen sprechen, und so geht es hin und her in meinem Kopf, bis der Morgen kommt.
Langsam reite ich den Berg hinunter. Einen kleinen Stein aus dem Sonnentempel nehme ich mit mir. Ich muß mich oftmals umdrehen.
Immer werde ich Sehnsucht haben nach Machú Picchu, nach dieser Jenseitigkeit von Gut und Böse.

Cuzco

Nirgends ist man vom ersten Augenblick an so herzlich und offen, so natürlich auf mich zugekommen wie in der deutschen Kolonie von Cuzco.
Überall beschnupperte man mich beim Tee oder beim Lunch und hatte mißtrauisch gesträubte Rückenhaare.
In aller Augen konnte ich lesen: »Wir sind wir! Aber wer bist denn du?«
Wenn es mir dann gelungen war, alle davon zu überzeugen, daß ich von ihnen alles, von mir nichts hielte, dann war das Eis gebrochen, aber dann mußte ich auch immer schon wegfahren.
Es ist schade, daß man mit so vielen Vorurteilen aufeinander zukommt. Das Leben ist eigentlich zu kurz dazu.
Aber in Cuzco ist es ganz anders.
Ich werde gleich in eine deutsche Bierbrauerei eingeladen. Dort ist ein wohltuendes Gemisch von Fremdheit und Heimat.
Das Häuschen, das ich bewohne, ist mit bunten Blumen überwachsen, der Garten mit roten Petuniensträuchern eingerahmt.
In meinem Zimmer, in einem Schrank, liegen Totenschädel von ausgegrabenen Inkas. Außerhalb des Gartens übernachten dunkle Indios, wegen der Kälte dicht an ihre Lamas gepreßt, und schlafen.
Zweimal in der Woche spielen wir Kegel und trinken dazu Bier, als wären wir gar nicht in Peru.
Mit dem Stubenmädchen meiner Gastgeber, einer Chola, gehe ich oft spazieren. Wenn sie nicht gerade zum Fußballmatch gehen will, tut sie es gern. Sie zeigt sich gern mit mir.

Zu diesem Zweck streicht sie sich Hände und Gesicht mit Mehl an, um ebenso weiß zu wirken wie ich. Wie ein Gespenst auszusehen, ist offenbar ihr ganzes Bemühen, ihr ganzer Stolz.

Sie kann Quechua und Spanisch und übersetzt mir immer, was ihre Freunde sie fragen und was sie uns nachrufen. Hauptsächlich rufen sie: »Gringa, gringa, rubia – Fremde, kleine Fremde, Blonde!« oder sie lassen fragen, woher ich käme, wo Deutschland liege, ob man hinkäme, wenn man durch den Berg ein Loch bohre, und ob es wahr sei, daß es in Deutschland soviel Flugzeuge gebe wie Insekten, daß der Himmel ganz schwarz werde davon und daß sie immer auf und nieder, auf und nieder gingen?

Diese Chola hat für mich eine Indianerfrau gefunden, die mich das Weben lehren soll.

Ich selbst hätte es nie zustande gebracht, eine solche Lehrmeisterin zu finden. Alle hatten es immer wieder abgelehnt. Nicht einmal für viel Geld wollten sie es mich lehren.

Ich bin in vier, fünf Lehmhütten gewesen. Auf jedem Hof lag der Webapparat aufgespannt, aber sobald ich kam, rissen sie mit feindseliger Gebärde ihre Habseligkeiten an sich und gingen damit in ihre Hütte.

Ich sollte nicht einmal hinschauen dürfen! Vielleicht fürchteten sie, ich würde den angefangenen Poncho verhexen.

Einmal, als ich von einem solchen Weg nach Cuzco zurückging, traf mich sogar ein Stein am Kopf. Und es kam immer noch einer und noch einer geflogen. Ich mußte schnell weglaufen.

Und sie hatten recht. Alles hatten die Weißen ihnen genommen: Ehre, Geld, Religion, jetzt wollten sie auch noch für ein paar Pesos das Weben lernen? Es geschah mir schon ganz recht.

Aber trotzdem gab ich nicht nach.

Nun endlich hat die Chola eine Frau gefunden, die mich weben lehren will. Sie wohnt auf einem Berg, hoch oben neben dem Gefängnis und dem Friedhof.

Auch sonst ist alles recht merkwürdig.

Sie ist eine India, aber sie wohnt in der alten, verfallenen Lehmhütte nur als Untermieterin. Die Hausfrau ist eine Chola und bekommt im Monat von ihr zwanzig Centavos, also etwa ebenso viele Pfennige Miete.

Sooft wir kommen, müssen wir zuerst ein Glas Chicha trinken.

Chicha ist das Nationalgetränk der peruanischen Indianer. Es sind Maiskörner, die die Indianerweiber kauen und dann ausspucken und mit dem Speichel zusammen gären lassen.

Chicha schmeckt nach Erde, und nach zwei, drei Schluck vergißt man die sonderbare Herstellungsweise.

In Cuzco gibt es viele Chicharias; da weiß man aber wenigstens nicht, wer den Mais gekaut hat.

Hier sitzt das schmutzige, zahnlose Weiblein in Person vor mir, und es gehören schon ein paar tüchtige Schlukke dazu, um zu vergessen.

Dann gehen wir an die Arbeit.

Ich lerne die Fäden auf zwei Hölzer aufspannen und die Farben anordnen. Ich lerne den Webstuhl an der Wand zu befestigen und mir zugleich das Seil um den Leib zu schlingen. Ich setze mich nieder dazu und ziehe den langen Stock mit den waagerechten Fäden durch.

Jede Frau kann nur wenige Muster, die sich von Generation zu Generation weiter vererben.

Um mich herum laufen Hühner, Katzen, Hunde und

weiß Gott noch was alles. Es ist so dunkel in dem Lehmloch, es hat keine Fenster, und so kann man nicht genau sehen, was für Tiere das sind.

Die Alte braut vor der Hütte irgend etwas, und der Rauch zieht herein und beißt ganz furchtbar in den Augen.

Es steht weder ein Bett, noch ein Tisch, noch ein Stuhl in dieser Hütte. Irgendwo in einer Ecke liegen ein paar Fetzen, und darauf schläft die Alte.

Angezogen ist sie mit demselben Kleid, das sie einstmals als Mädchen bekommen hat, ohne es je ausgezogen zu haben.

Ein paar Töpfe stehen am Boden, in einer anderen Ecke liegt etwas Holz.

Die Wände aber sind beklebt mit den phantastischsten Kinoplakaten.

Da tanzen hundert Girls mit nackten Beinen und Goldzylindern, da steigt die Crawford in einem Hermelin aus einem Auto, und die Garbo küßt Herrn Taylor. Über dem Bett der Alten hängt ein Bild von Gary Cooper.

»Mamai, Mamai!«, »Mütterchen, Mütterchen!«, drohe ich lächelnd mit dem Finger und zeige auf das Bild. Aber sie versteht offenbar diesen Humor nicht. Sie sieht mich stumpfsinnig und verständnislos an. Den Mund hat sie offenstehen, die Augen sind halb verklebt von Schmutz. Das braune, faltige Gesicht ist eingerahmt von vielen dünnen Zöpfchen, die ihr wirr vom Kopf stehen.

Ich wüßte zu gern, was sie eigentlich von diesen Plakaten hält, was sie sich darunter vorstellt. Ich bitte die Chola, sie zu fragen.

Die Cholita übersetzt mir, die Alte lebe im Glauben, dies alles seien eine Art Heilige.

Jeden Abend betet sie zu ihnen um Gesundheit und um

ein Lama, das die Websachen hinunter nach Cuzco tragen könnte.
Wenn das der heilige Cooper wüßte!
Vielleicht würde er ihr ein Lama aus Hollywood schikken!

Die Erde bebt

Eines Nachts in Cuzco wache ich ganz sonderbar auf. Das Aufwachen gleicht dem sonstigen Einschlafen. Es ist ein Schwingen um mich, ein schwankendes Hinausgleiten in den Wachzustand.
Das Bett schwebt auf und ab, die Lampen zittern hin und her, die Schranktür öffnet sich auf geheimnisvolle Weise, und die Totenköpfe poltern und kollern auf den Boden.
Ich bekomme Angst, furchtbare Angst! Die Erde bebt!
Es ist mit nichts zu vergleichen, was ich jemals erlebt habe, nicht mit dem Schwanken des Flugzeuges, nicht mit dem Schlingern und Rollen des Dampfers.
Dieses Unbekannte erschüttert mich.
Die Einheimischen haben schon lange vorher gewußt, daß dieses Jahr ein Erdbebenjahr werden würde.
»Der Bambus blüht«, so ging der Spruch von Land zu Land und alle erschraken.
Der Bambus blüht nur vor großen Katastrophen.
Kurz darauf bebte die Erde in Chile und verwüstete Landstriche und vernichtete ganze Städte.
Und die ganze Westküste des Kontinents bebt mit und kann nicht mehr Ruhe finden.
Am nächsten Tag scheint die Sonne.
Alles geht seinen gewohnten Gang weiter. Ich vergesse das sonderbare Gefühl und fühle mich wieder sehr sicher und stark.
Man vergißt so schnell.
Dann kommt der Johannistag, der Tag, an dem die Indios nachts ihre Tiere auf die Weide treiben, sich zu ihnen legen und die guten Dämonen für sie herabbeten.

Wir fahren mit dem Auto in ein kleines Dorf, um dies mitanzusehen. Die Lehmhütten stehen leer. Alle sind sie draußen auf der Weide. Die geheiligten Hände haben sie in das Fell ihrer Lieblinge vergraben, und ein Murmeln geht über ihre Lippen.

Da plötzlich kommt ein Windstoß und bläst mit einem Male alle Kerzen aus.

Das Murmeln verstummt. Es folgt eine Stille.

Man spürt, die Erde holt tief Atem, um dann loszubrechen.

Ja, jetzt kommt es.

Wir werden einfach umgeworfen. Es donnert und grollt und kracht. Mein Gesicht vergräbt sich im Gras. Es ist hohes, fremdes Gras und duftet.

Rings ist's totenstill.

Dann brüllt eine Kuh.

Ich weiß nicht, wie lange das alles dauert.

Eine Erschütterung folgt jetzt der anderen.

Wann wird die Erde sich auftun und uns alle verschlingen? Es tut mir so leid, keinen meiner Fehler mehr gutmachen zu können.

Meine Hand umkrampft einen Kaktus, aber ich merke es erst viel später.

Dann endlich läßt es nach, es wird ruhiger, wir richten uns auf, geduckt, scheu.

Wo ist der Gegner? Wird er zu neuem Schlage ausholen? Wir warten.

Aber es kommt nichts. Langsam, fast kriechend, setzen sich die Indios in Bewegung.

Sie beginnen zu laufen, die Tiere ihnen voraus. Zurück ins Dorf.

Aber das Dorf ist weg, vollkommen in sich zusammengestürzt, ein einziger Lehmhaufen.

Unter den Trümmern hört man das Wimmern der Kinder und der Alten, die man zu Hause gelassen hat.
An ihren eigenen Häusern vorbei rennt die aufgeregte Menge der Kirche zu.
Erst hier machen sie halt. Entsetzt.
Zum ersten Male bricht ein Wehschrei von ihren Lippen.
Laut, wie Tiere, schreien sie. Sie reißen die Hüte vom Kopf und weinen fassungslos.
Dann graben sie aus den Trümmern die Statue der Mutter Gottes aus.
Es ist eine häßliche Wachspuppe mit blonder Perücke und blauem Samtkleid. Die Nase ist abgebrochen, Ohren und Hände liegen irgendwo unter den Lehmmassen, und die Perücke sitzt schief über dem erstaunten, starren Puppengesicht.
»Mamai! Mamai!« schluchzen die Frauen nun aus vollem Hals und betasten scheu die Wunden der Wachspuppe, während sie ihre lebenden Mütter vorläufig noch unter den Trümmern begraben lassen.

Besuch bei der Kupfermine

Ollantytambo, Tombomachay, Kenku, Sacsay Huaman. Alle Orte hier haben so fremde Namen.
Aber ich habe sie geübt und spreche sie gern aus. Ich liebe diesen fremden Klang. Die sonderbare Aufeinanderfolge der Vokale und Konsonanten läßt mich den Charakter dieser fremden Menschen erkennen wie ihre Bauten.
Einmal sitze ich auf dem Steinriesen von Sacsay Huaman, der Inkafestung oberhalb Cuzco.
Ein kleiner Junge ist mir schon eine ganze Weile nachgeschlichen.
Immer wieder ruft er: »Propina!«, »Trinkgeld!«, und streckt seine Hand ganz unzweideutig aus.
Ich reagiere nicht.
»Gringa«, ruft er plötzlich und hebt einen Stein auf. »Antigua«, sagt er dazu – eine Antiquität – und sieht mich mit seinen dunklen Augen treuherzig an.
Ich gebe ihm zehn Centavos.
»Du weißt genau, daß es ein ganz gewöhnlicher Stein ist. Warum lügst du mich an?« frage ich.
Er denkt lange nach. Das Geld hat er, nun darf er also die Wahrheit sagen. »Weil du eine Gringa bist«, und er lächelt mitleidig.

Über Arequipa fliege ich nach Lima. Aber da halte ich es nicht lange aus. Hotelwohnen ist auf der ganzen Welt gleich. Auch der Rhythmus aller Großstädte ist mehr oder weniger gleich, egal, ob ein Pizarro in der Kirche begraben liegt oder ein Maximilian. Die Menschen leben entweder in der Vergangenheit oder in der Zukunft.

Man sieht das an ihrem Gang. Sie hetzen dem Ziel entgegen, und sind sie dort, hetzen sie einem neuen Ziel zu. Der Indio denkt, wenn er geht, nur ans Gehen, wenn er ißt, nur ans Essen. Er lebt nur im Moment.
Ich fahre lieber wieder in den Urwald.
»Nein, nein, sie ist keine Spionin«, sagt Don Julio, der Chauffeur, mit dem ich über die Anden fahre. »Sie ist bloß eine Filmschauspielerin und möchte gern die Kupferminen sehen.«
Man telefoniert also hinauf in die Mine, daß ich käme.
»Sie sind doch nicht schwindlig?« fragt mich jemand vorher, »wir übernehmen keinerlei Verantwortung.« Ich muß einen kleinen, vorgedruckten Revers unterschreiben, daß ich auf eigene Gefahr hinauffahre. Dann werde ich auf einen kleinen Stuhl gesetzt, der rechts und links Griffe hat zum Anhalten, und sonst nichts.
Nun stößt man mich in die Luft hinein. Es geht ein eiskalter Sturm, und ich schaukle auf dem Stühlchen von rechts nach links, von links nach rechts.
Unter mir fällt der Boden jäh ab, nun schwebe ich über wilden Schluchten, die Welt tief unter mir. Ich sehe die Menschen nur mehr als Pünktchen.
Wenn ich nun hier ohnmächtig würde, die Griffe losließe, in die Tiefe stürzte! Und niemand will die Verantwortung dafür tragen! Das kränkt mich plötzlich sehr.
Auf der Bergstation empfangen mich viele Männer. Sie alle haben rote Gesichter und Schnitte auf den Wangen. Sicher von der dünnen Luft und der Kälte, denke ich.
Aber plötzlich muß ich lachen. Natürlich war es so gewesen, daß sie sich alle schnell rasiert hatten, als sie hörten, es käme eine Frau zu ihnen hinauf.
Da muß man sich ja schneiden!
Es tut mir nun so leid, daß ich ganz ungeschminkt bin

und der Kälte wegen mit einer roten Nase herumlaufe. Diesen netten Jungen zuliebe hätte ich mir gern eine Federboa umgehängt und mich ein bißchen auflackiert, so wie sie es sich sicher erhofft und erwartet haben.
Aber sie zeigen ihre Enttäuschung nicht. Sie sind bloß alle etwas nervös und reden zugleich auf mich ein.
Ich gehe mit dem Bewußtsein herum, daß jede Bewegung, die ich mache, und jeder Satz, den ich sage, noch lange nach meinem Fortgehen besprochen werden wird. Ich mache sozusagen hier Geschichte und verhalte mich daher lieber ruhig und beobachtend.
Wenn Männer lange ohne Frauen sind, haben sie jeden Maßstab im Umgang mit ihnen verloren. Sie überschätzen die Schwäche einer Frau.
Es ist so komisch: einer trägt meine Handschuhe, der andere meine Kappe, bei jedem kleinen Stein machen sie mich besonders aufmerksam und stützen mich bei jeder Stufe.
Aber das würde sich bald legen.
Nach einiger Zeit müßte ich wahrscheinlich allen die Strümpfe stopfen, kochen und sauber machen, und auch das wäre noch zu wenig. Männer, die lange ohne Frauen waren, überschätzen nach kurzer Zeit jedoch die Stärke einer Frau.
Der Helm, den ich aufsetzen muß, ist schwer. Er dient dazu, den Kopf vor Steinschlag zu schützen. Die Männer machen alle bedauernde Mienen und sagen: »Das arme Köpfchen!«
Und in einem Monat würden sie vielleicht sagen: »No, no, so schlimm ist es auch nicht!«
In der Mine ist es finster und kalt und naß. Kaum sehen mich die Arbeiter, legen sie die Geräte eilig weg und laufen davon.

Die Männer, die mich führen, lächeln verlegen. »Wir können Ihnen die Mine leider nicht zeigen«, sagen sie, »Sie müssen bitte entschuldigen, aber die Leute sind so furchtbar abergläubisch. Eine Frau in einer Mine bringt Unglück, meinen sie, bitte entschuldigen Sie vielmals!«
So fahre ich denn, in dem kleinen, schwankenden Stühlchen, in viertausend Meter Höhe über Schluchten schwebend, an meine Griffe geklammert zurück. Ich habe kein Gold, kein Silber oder Kupfer gesehen, nur die Mineros. Sie stehen oben an der Bergstation und sehen dem Ewig-Weiblichen, das diesmal hinabschwebt, nach.
Sie rufen: »Felicidad!« Dann gehen sie zurück und lassen sich ihre Bärte wieder wachsen.

Im Dschungel

Lange schon wohne ich in der Montaña, an einem Quellfluß des Amazonas.
Bedürfnislos. Nur im Augenblick, wie ein kleines Kind.
Es ist still in mir geworden.
Sehr still, sehr gut, sehr schön.
Was das tägliche Leben gibt, aber auch verlangt, ist weniger geworden und bedeutungslos.
Die uralten Bäume rauschen so schön.
Immer um Mitternacht kommt der Regen.
Es ist jetzt die »kleine Regenzeit«. Leise fallen erst große, schwere Tropfen, dann mehr, immer mehr, bis es rauscht und braust und alles sich öffnet und alles sich auflöst.
Der Erdgeruch steigt auf, stark und betäubend.
Dann wird der Dschungel lebendig.
Die merkwürdigsten Geräusche kommen angeflogen. Zykaden singen und Affen rufen. Es sind die großen schwarzen »Maquisapa«, die »große Hand« genannt.
Wenn der Dschungel erwacht, kann ich nicht einschlafen.
Auch die Männer wälzen sich hin und her. Durch die dünnen Wände höre ich sie stöhnen.
Es ist zu heiß, zu dumpf, zu drückend.
Ich wünschte, ich könnte meinen Körper aufreißen von oben bis unten, dem warmen Regen entgegen.
Nun wohne ich hier im Dschungel bei Don Pedro, Miguel und Urias.
Auch ihre Frauen wohnen hier. Es sind fünf, sechs, manchmal auch acht kleine Indianerinnen, die für ihre Herren kochen und waschen, und wenn sie nicht mehr

geschlagen werden, dann werden sie traurig und sagen: »Er liebt mich nicht mehr.«

Oft tauschen die Männer ihre Frauen für ein Gewehr oder einen Kochtopf. Dann schauen sie mit großen Augen wie sterbende Kälbchen, aber nur einen Augenblick lang, dann drehen sie sich um und laufen hinter ihrem neuen Herrn her.

Ich muß doch eine gute Frau sein, denken sie vielleicht, wenn ich ihm sogar ein Gewehr wert bin.

Vielleicht denken sie sich auch gar nichts dabei.

Urias wacht auf. Ich höre es nebenan.

»Es ist Zeit!«

Wir kriechen gebeugt aus der niederen Hütte und gehen stromaufwärts.

Der Regen hat aufgehört. Nun tropft das Wasser von Bäumen und Sträuchern. Urias hat ein paar Wurzeln mitgebracht. Die zerklopft er nun zwischen zwei Steinen.

Von der anderen Seite des Flusses kommt das Echo.

Dann wirft er die Stückchen in den Strom.

Wir gehen wieder stromabwärts. Wortlos.

Es wird wenig gesprochen, nur das Wichtigste. Und auch das ist kaum nötig, weil man es fühlt, weil der Instinkt hier heller und wachsamer ist.

Wir haben Lampen und lesen nun die vielen glitzernden, toten Schuppenkörper auf.

Die Wurzel hat das Wasser vergiftet, und der Strom schwemmt die kleinen, toten Fische ans Ufer.

Das Licht macht, daß drei riesenhafte, schwarze, böse Schatten neben den Männern einherziehen, Schatten, die wachsen und sich vom Körper der am Fluß Schreitenden, Suchenden unheimlich bis zum Palmendickicht ziehen.

Ja, diese Männer am Rande des Dschungels wissen viel Böses.
Sie kennen Gifte, die, durch den kleinsten Ritz der Haut ins Blut gebracht, sofort töten.
Sie können Bambus so zerkleinern, daß er, in die Speisen vermengt, den Darm aufreißt und tötet. Sie kennen aber auch Teesorten, die Halbtote wieder zum Leben erwecken, sie kennen die Tierspur, sie wissen das Wetter auf Tage voraus und wo Gold liegt. Sie sind die mächtigen Könige des Dschungels.
Nachdem wir einen ganzen Korb voll Fische eingesammelt haben, setzen wir uns in das Canoa. Wir wollen die großen Raubfische, die nun von der Mitte des Stromes durch die vielen kleinen Beutefischchen angelockt werden, angeln.
Die Lichter haben wir ausgemacht. Die Indianer der Montaña fischen im Dunkeln.
Bald kommt der Morgen, blaugrau, zaghaft. Die Sonne kommt, und wir gehen schlafen. Wir schlafen in der Sonne, bis unsere Kleider wieder trocken sind.
Was kümmert es uns, daß es heißt, die Nacht sei zum Schlafen da und der Tag zum Wachen? Wir sind frei und deshalb wahre Könige.

Immer habe ich etwas gesucht, das auf der ganzen Welt gleich ist, aber nichts habe ich gefunden. Alles hat sich verändert, hat sich durch andere Bedingungen und Voraussetzungen oft ins Gegenteil gewandelt.
Was da Moral ist, wird dort zur Unmoral. Was hier angebetet wird, wird anderswo verlacht. Was dort als schön gilt, heißt hier häßlich, was da männlich scheint, nennt man dort weibisch und umgekehrt. Eines aber habe ich gefunden, das auf der ganzen Welt und seit Jahr-

tausenden ganz gleich gemacht wird, bis auf unsere heutigen Tage, ob oben an der Nordsee oder in China oder am Nil, gleichsam einmal ein gemeinsamer Nenner von jeher bis heute: es ist die Art, wie man Fischernetze knüpft.

Die Sonne zögert, unterzugehen. Sie sendet noch ein paar gelbe und rote Strahlen zwischen den Palmen hervor. Dann ist Dämmerung.

Ich sitze am Ufer des Huallaga und knüpfe bei den letzten Strahlen der Sonne ein Fischernetz.

Neben mir sitzt Miguel.

Er hat ein ganz schiefes Gesicht, so viel Cocablätter hat er sich in die Backe gestopft. Die spärlichen Haare seines weißen Indianerbartes zittern beim Kauen mit. Seine Augen sind vollkommen ausdruckslos. Er schaut nach innen. Er achtet auf den Geschmack der Coca und horcht in die Zukunft.

Der Huallaga rauscht vorbei, und ich horche angestrengt, um kein Wort des Alten zu verpassen.

»Alles wird gut, niña, alles wird gut!«

Er sagt viele Dinge aus der Vergangenheit, die sich wirklich mit meinem Erlebten in merkwürdiger Übereinstimmung finden.

Er sagt mir viele Dinge über die Zukunft, die vielleicht eintreffen werden. Aber immer wieder kommt das Tröstliche: Alles wird gut, niña!

Ich glaube nicht daran, daß er am Geschmack der Coca die Zukunft zu erkennen vermag. Aber ich glaube an den Instinkt dieser Menschen, und ich glaube an die Lehre: »Alles wird gut!«

Denn es wird wirklich immer alles gut, und das Verworrenste im Leben löst und klärt sich, und zuletzt wendet es sich zum Guten.

Zu dritt stehen wir vorn in dem schmalen Einbaum. Urias sitzt hinten und steuert mit einem flachen Ruder. Wie Fächer gehen unsere Bambusstöcke, mit denen wir am seichten Ufer aufwärts staken, im gleichen Rhythmus auf und zu, auf und zu.
Manchmal müssen wir uns flach ins Boot drücken und das Canoa unter den überhängenden grünen Bäumen durchschieben. Dann streifen Orchideen mein Gesicht, große zartlila Orchideen.
Wenn es zu reißend wird, steigen wir in das warme Wasser und schieben das Boot stromaufwärts.
Manchmal müssen wir über Stromschnellen hinweg.
Dann mischen sich die kurzen Kommandoworte der Männer mit dem Rauschen des Wassers. Wir ziehen alle die Köpfe ein und bekommen große Pupillen.
Huallaga heißt »der große Töter«. Man kann sich aus ihm nicht retten. Deshalb bekommen auch die Männer große Pupillen, denn es geht sekundenlang um das Leben, und jeder, auch der männlichste Mann, hat nur èin einziges zu verlieren.
Pedro sagte einmal: »Ja, so tapfer sind alle Mädchen in Alemania!«
Da wurde ich ganz rot vor Stolz.
Die Luft ist dick und schwer, als ob sie den Atem angehalten hätte.
Wir fahren den Tulu Mayo aufwärts.
Der Wald ist Kraft und Farbe. Er gibt sich aus, schüttet sich aus in Farben und Düften. Zwischen den goldenen Bäumen, sie heißen Orobel, und hohen, goldroten Blüten, die gegen den dunkelblauen Himmel flammen, fliegen Schwärme von schillernden Schmetterlingen.
Warum »Schmetterlinge?«
Dieses graziöse Wiegen hat doch mit Schmettern nichts

zu tun! Im Spanischen heißt es Mariposa. Das Wort stammt aus dem Indianischen und bedeutet so viel wie Kuß.
Ja, das stimmt schon eher: es ist der Ausdruck der Liebe, was hier zwischen den Goldbäumen schwebt, so leicht und selbstlos, daß es das Herz weit und groß und froh macht.
Der Huallaga, der Ucayali und der Marañon sind die Verkehrsstraßen des Urwaldes, die in die Hauptstraße des Amazonas führen.
Viele vollbeladene Einbäume schießen an uns vorbei, stromabwärts.
Die Männer haben große Strohhüte auf, Revolver und Messer im Gürtel. Sie kennen sich alle und rufen sich im Vorbeifahren Scherzworte zu.
Von jedem ist auch irgend etwas zu erzählen. Meistens höre ich: »Der hat voriges Jahr seinen Bruder erstochen« oder »Der hat vor kurzem drei Leute erschossen«.
Sie erzählen es mit lachendem Gesicht und nicken dem vorüberschießenden Canoa noch nach, so ungefähr, wie wenn wir jemanden auf der Straße treffen, ihm lächelnd zunicken und dabei sagen: »Er soll schon dreimal gepfändet worden sein.«
Im Dschungel geht es immer um das nackte Leben. Die Menschen haben sonst nichts, und wenn einer den anderen kränkt, kann er ihm nichts wegnehmen als das Leben, und der Dschungel, die starke und wilde Natur, sieht über den Schwächeren hinweg und bejaht den Stärkeren. So ist es eben hier.
Manchmal will uns ein anderes Canoa überholen. Aber das wollen wir uns nicht gefallen lassen. Wir haben auch unseren Stolz. Im Schweiße unseres Angesichts hängen

wir uns mit unserem ganzen Gewicht an die Stangen, um den Einbaum vorwärts zu stoßen. Wir keuchen, mein Herz klopft vor Anstrengung, meine Beine sind dick geschwollen von den Stichen unzähliger kleiner Fliegen, und ich habe die bleiche Urwaldfarbe, die alle Europäer hier bekommen.

Aber trotzdem bin ich froh.

Ich fühle mich richtig am Platze, und darauf kommt es schließlich an. Dort zu sein, wo man am meisten dabei ist.

Miguel will mir eine Höhle zeigen. Wir kriechen geduckt durch den Wald, manchmal durch Pfützen hindurch, vom grellen Tag hinein in die sanfte dunkelgrüne Nacht des Dschungels. Die Männer hauen mit ihrer Machete einen Weg durch das Gestrüpp. Es gibt viele Schlangen. Man muß sich vorsehen, wohin man tritt.

Es sitzen überall auch giftige Spinnen, die Tarantulas, und große Ameisen, deren Biß tödlich wirkt, laufen über den Weg.

Aber man vergißt es oder beachtet es nicht. Man achtet weder auf die Spinnen noch auf die Ameisen noch auf die Schlangen, sondern man kriecht weich und geschmeidig überall durch, fühlt sich als Geschöpf Gottes, das trotz der größten Vorsicht seinem Gesetz doch niemals entgehen kann.

Plötzlich öffnet sich der Berg, wir stehen vor einer riesigen Höhle.

Bevor wir eintreten, ziehen wir die Schuhe aus, nach alter Indianersitte.

Hätten wir es bloß nicht getan!

Der Boden krabbelt und kriecht und bewegt sich. Große und kleine Käfer wimmeln da umher. Sie kriechen mit ihren klebrigen Beinchen hoch. Im Schein einer kleinen

Lampe sehe ich, daß auch die anderen von diesen Käfern übersät sind.
Aber sie schütteln sie nicht ab.
Die Käfer sind die Herren dieser gewaltigen Höhle, und wer ihre Begrüßung nicht ehrt, kommt nicht lebend heraus, sagen sie.
Hoch über unseren Köpfen schreien und kreischen Nachtvögel. Wir sehen sie nicht, aber sie sehen uns und hassen uns, die wir aus dem Licht kommen. Immer tiefer dringen wir in die Höhle vor.
Die Männer zeigen mir an Steinen merkwürdige Zeichen. Es sind die Krallenspuren eines Jaguars, der hochzukriechen versuchte, um sich die Vögel zu holen. Es ist die Höhle des Jaguars, hier wohnt er. Ich reiße die Augen weit auf. Vielleicht kann ich doch das gelbe Leuchten seiner Augen aufflackern sehen.
»Wenn er plötzlich käme«, sagte ich leise zu Miguel. »Wir haben unsere Gewehre draußen gelassen!«
Miguel schüttelt den Kopf.
»Aber, niña, hier darf man doch nicht schießen, hier sind wir doch Gäste!« Und als er merkt, daß ich Angst habe, klopft er mir auf die Schulter und sagt lächelnd: »Alles wird gut, niña!«
Wir gehen immer tiefer in die Höhle, solange, bis die Wand eine kleine Öffnung hat, kaum einen halben Meter hoch.
Pedro legt sich auf den Rücken und schiebt sich durch. Nach ihm soll nun ich kommen.
Folgsam lege ich mich hin, mitten hinein in das kriechende Ungeziefer, und schiebe mich durch.
Die Käfer krabbeln mir übers Gesicht, meine Beine sind irgendwo.
Vielleicht kommt jetzt der Jaguar und schnappt nach

mir. Der ganze Berg liegt schwer auf meiner Brust. Plötzlich kann ich nicht mehr atmen, ich schreie laut auf, reiße die Käfer von meinem Gesicht und zerquetsche sie. Ich will den Berg wegschieben und schreie und schreie.
»Alles wird gut, niña!« sagt Miguel wieder, als wir unten am Feuer sitzen.
Ich fühle mich schwach und zittrig.
Wie konnte ich nur so dumm sein, so kindisch, daß ich jede Herrschaft über mich verlor?
Miguel errät meine Gedanken. »Du hast einen Käfer getötet, niña! Du kannst froh sein, daß du noch lebst« und leise setzt er hinzu: »Ich habe mein Messer als Pfand für dich dort gelassen.«
Ich streichle ihm seine alte, braune Hand und freue mich, daß ich ein so schönes Messer wert bin.

Und wieder kommt der Regen, wieder rauscht und braust das Wasser vom Himmel. Der Wald beginnt zu singen. Erst ist es ein leiser Ton wie eine helle Silberglocke und dann immer lauter, bis die ganze Luft singt. Ich kann es nicht so richtig erklären, wie es ist. Es ist die Sirene des Urwaldes, die singt und lockt. Es ist eine Warnung. Wer sie hört, muß fort.

Und so kam der Tag, an dem ich mich in Callao einschiffte, um durch den Panamakanal nach Hause zu fahren.
Südamerika versank vor meinen Augen.
Der Kontinent, auf dem ich ein Jahr mit den Einheimischen aß, lebte und wanderte, als wäre ich eine der ihren und doch eine Fremde, eine ewig Fremde, dieser Kontinent versank.

Ich bin bereit

Jetzt bin ich zu Hause! sage ich mir oft, und Heimweh befällt mich, wie nie zuvor auf meiner Reise.
Bin ich denn jetzt auf derselben Stelle, von der ich damals wegfuhr?
Nun gehe ich in meiner Wohnung auf und ab und bewundere die vielen Dinge, die mir gehören.
Aber ich gehöre ihnen nicht mehr.
Ich lese diese Blätter, die ich eben geschrieben habe.
Ich habe Südamerika gesehen, einen kleinen Teil unserer großen Erde, und ich habe ein kleines Stückchen meines Ichs gefunden. Und dafür bin ich dankbar.
Auch die größte Reise hätte sich gelohnt für dieses kleine Stückchen. In mir leben die Bilder dieser fernen Welt weiter.
Ich bin scheinbar an derselben Stelle angelangt, von der ich ausging, aber in Spiralenkurve ein wenig höher.
Ich bin freier.
Ich bin weiter.
Ich bin bereit.
Mag das Leben nun Alltag bringen oder Einmaligkeit.
Würde ich dieselbe Reise noch einmal erleben, würde ich vielleicht alles anders sehen, tiefer, vielleicht deutlicher, vielleicht umfassender.
Denn alles Äußere ist nur ein Spiegel des Inneren, und man erlebt so groß oder so klein, so weit oder so eng, wie man selbst ist.
Ob man am Herd steht oder über die Anden reitet.

– ENDE –

Vor- und Nachwort

»Denn alles Äußere ist nur ein Spiegel des Inneren, und man erlebt so groß oder so klein, so weit oder so eng, wie man selbst ist.
Ob man am Herd steht oder über die Anden reitet.
ENDE«
Es war kein Ende, sondern ein Anfang.
Es war der letzte Satz dieses Buches, das ich 1940 mit leichter Jungmädchenhand geschrieben habe. Inzwischen ist fast ein halbes Jahrhundert vergangen.
Das Leben hat mir erlaubt, einiges von dieser Erkenntnis zu verwirklichen.
Ich bin dankbar.

Mai 1984